本著作为吉林财经大学资助出版、为吉林省社会科学基金项目《吉林省民营企业劳动者薪酬分配公正的法律机制研究》2020C063的结项成果。

劳动者薪酬分配公正的法律实现

王　琼／著

吉林大学出版社

·长春·

图书在版编目（CIP）数据

劳动者薪酬分配公正的法律实现 / 王琼著. -- 长春：吉林大学出版社, 2023.9
ISBN 978-7-5768-2395-0

Ⅰ.①劳… Ⅱ.①王… Ⅲ.①工资-劳动法-研究-中国 Ⅳ.①D922.504

中国国家版本馆CIP数据核字(2023)第213506号

书　　名：劳动者薪酬分配公正的法律实现

LAODONGZHE XINCHOU FENPEI GONGZHENG DE FALÜ SHIXIAN

作　　者：王　琼
策划编辑：黄国彬
责任编辑：闫竞文
责任校对：刘　丹
装帧设计：刘　丹
出版发行：吉林大学出版社
社　　址：长春市人民大街4059号
邮政编码：130021
发行电话：0431-89580028/29/21
网　　址：http://www.jlup.com.cn
电子邮箱：jldxcbs@sina.com
印　　刷：天津鑫恒彩印刷有限公司
开　　本：787mm×1092mm　1/16
印　　张：11.75
字　　数：180千字
版　　次：2024年3月　第1版
印　　次：2024年3月　第1次
书　　号：ISBN 978-7-5768-2395-0
定　　价：58.00元

版权所有　翻印必究

前　言

分配是劳动者享有社会发展成果的基本方式，而薪酬分配作为分配活动中最基础、最重要的组成部分，则是劳动者获取经济收入的基本方式，其不仅直接关系劳动者物质利益的实现程度，决定劳动者及其家庭成员基本生活的保障水平，同时公正的薪酬分配也是一个国家市场经济体制发展完善的标志，是整个社会公平正义的体现。

习近平总书记曾经这样说过："收入分配是民生之源，是改善民生、实现发展成果由人民共享最重要最直接的方式。"十八大之后，党中央就对薪酬分配工作予以高度重视，并坚持以人民为发展中心，出台相关政策措施，有效提升劳动者的薪酬水平。和中国特色社会主义市场经济相适应的薪酬分配制度已经确立，有序合理科学的薪酬分配秩序已经逐步形成。薪酬分配改革取得巨大成就，劳动者薪酬水平不断提高，社会发展成果共享度也日益提升。但是也要看到，我国社会的主要矛盾已经从阶级矛盾逐步转变为"人民日益增长的美好生活需求与不平衡不充分的发展之间的矛盾"，各项改革已经不断深入推进，劳动者薪酬分配的方式和公正性也暴露出新问题。不同地区之间、行业之间和劳动者群体之间的薪酬差距依然不合理，部分劳动者尤其是一线职工和低收入劳动者薪酬增长缓慢，劳动者对提高薪酬的需求与用人单位用工成本提升之间的矛盾日益凸显，在各生产要素的分配中劳动力要素所占比重严重不足，这些问题都需要不断深化改革，健全劳动法制度体系及其运行机制，不断完善新时代社会主义市场经济体制的薪酬分配法律机制。

学界一直致力于关于薪酬分配问题的研究，已经取得了显著成绩，但是仍有一些问题需要完善和深化。一是需要拓展和夯实劳动者薪酬分配公正的理论基础。西方资本主义的分配理论、马克思主义关于分配正义的理念以及中国传统思想中有关社会分配的精华部分，并非相互对立、互不认同，相反，可以将三者相互融通、有机结合，深化和完善适应我国当代国情的薪酬分配理论体系，以指导具体薪酬分配问题的有效解决。二是需要探寻契合时代发展主题和背景的法律机制。现有研究成果多集中在经济学、管理学领域，少有从法学视角关注薪酬分配的问题，对于劳动者薪酬分配公正问题更是涉及甚少。在我国践行全民共享社会发展成果的大背景下，这方面的研究需要进一步拓展和深化。实现劳动者薪酬分配公正，不仅需要经济政策的支持，更需要法律制度的保障。运用法律手段维护劳动者权益，才能从根本上确保实现薪酬分配公正的稳定性和持续性。三是需要将坚持以人民为中心的发展理念与习近平新时代中国特色社会主义思想相融合，提出解决市场经济体制下的劳动者薪酬分配公正的原则和方法。这既具有完善我国新时期分配正义的理论价值，又有破解当代劳资矛盾的现实意义。构建具有中国特色的薪酬分配体系可以有效维护广大劳动者，特别是底层劳动者的切身权益，保障整体经济平稳快速发展，促进社会的和谐稳定。

本书运用宏观与微观结合等方法，构建法学视角下的劳动者薪酬分配及其公正性问题的研究框架体系。以分配正义、矫正正义构成的哲学维度和以人权保障原则、倾斜保护劳动者原则构成的法学维度共同支撑起薪酬分配公正的理论基础。以人为本的回应、得所应得的强化、差别原则的考量和深化改革的要求这四个层面体现了薪酬分配公正法律实现的必要性。本着批判继承的原则，对中国传统分配正义思想的演进进行总结，为实现当代中国薪酬分配公正提供历史和文化经验。

从薪酬分配公正的评判标准来看，经济学的评判标准主要为基尼系数和要素价格，法学的评判标准由"三个程度"构成，即劳动报酬请求权的实现程度、同工同酬的实现程度和劳动薪酬集体协商的实现程度。通过上述标准，可以基本判断出某个国家在某段时期内劳动者的薪酬分配是否公正或者趋近于公正。

通过纵向比较总结出当今世界的几种薪酬分配的典型模式并对其进行分析评价。典型的薪酬分配模式主要有三种，分别为：瑞典的多种政策措施并用控制收入差距的模式、美国的以税收体系和社会保障体系对分配进行调节的模式和巴西的以政府公权力为主导维护分配公正的模式。这三种典型模式可以为我国劳动者薪酬分配模式的完善提供一定的经验借鉴。

在上述研究基础上，为实现劳动者薪酬分配公正，需要完善和优化由权力保障机制、权利实现机制和社会支撑机制构成的、保障薪酬分配公正的制度体系。一是权力保障机制。通过分析权力配置的原则和结构，影响权力运行的因素，以及权力运行过程中的困境，总结出我国权力配置的运行现状，在此基础上提出了实现薪酬分配公正的国家责任，即司法公正的形塑、薪酬分配制度的完善和社会公共资源的合理配置。基于新冠病毒带来的变化和困顿，尝试提出疫情背景下薪酬分配公正对权力行使的新要求；二是权利实现机制。以人本理念和劳资共赢理念构建起实现劳动者薪酬分配公正的权利观，以劳资共决权、同工同酬权和劳动报酬请求权为内容，构成劳动者薪酬分配公正的权利实现机制。这三项权利的运行机制和保障措施虽不尽相同，但各有侧重，多效并举，共同促进薪酬分配公正之实现；三是社会支撑机制。工会和职工代表大会是我国劳动法体系中最为重要的两大社会化组织，在确保劳动者薪酬分配公正中有其特定的角色和作用。工会代表权和维权手段的强化保障以及职工代表大会决策权和监督建议权的强化保障，是这两个社会化组织有效履行职责和充分发挥保障职能所面临的突出问题，也是劳动者薪酬分配公正的社会化支撑机制完善的关键之所在。

目 录

绪 论 1

第一章 薪酬分配公正及其法律实现的理论阐述 24
第一节 薪酬分配公正的概念阐释 24
第二节 薪酬分配公正的理论基础 37
第三节 薪酬分配公正法律实现的现实必要性 47
第四节 中国传统分配公正理论的历史演进 54

第二章 劳动者薪酬分配公正的评判标准 60
第一节 经济学的评判标准 60
第二节 法学的评判维度 63

第三章 薪酬分配公正法律实现的模式借鉴 68
第一节 当代薪酬分配法律实现的典型模式 68
第二节 对当代中国实现劳动者薪酬分配公正的借鉴意义 74

第四章 实现劳动者薪酬分配公正的权力保障机制 80
第一节 权力配置基本要义 80
第二节 实现劳动者薪酬分配公正的国家责任 92
第三节 疫情下薪酬分配公正与政府权力行使 108

第五章 实现劳动者薪酬分配公正的权利实现机制 124
第一节 实现劳动者薪酬分配公正的权利观 124
第二节 实现劳动者薪酬分配公正的权利支撑 129

第六章 实现劳动者薪酬分配公正的社会支撑机制 145
第一节 劳动者薪酬分配公正中工会角色定位及其实现 145
第二节 劳动者薪酬分配公正中职工代表大会角色定位及其实现 157

结 论 163

参考文献 165

绪 论

一、研究背景及意义

（一）研究背景

改革开放赋予我国经济发展以巨大的动力和机遇。为了确保经济持续发展与社会的文明进步，我国多次改革分配体制，取得了良好的成效，促进了经济社会持续快速健康发展。1978年我国GDP为3678.70亿元，人均GDP仅为381元；2010年我国成为世界第二大经济体，GDP总量为41.03万亿元人民币，人均30808元；2020年我国GDP为100.91万亿元人民币，人均72447元。

中国根据国情构建了符合发展需求的分配制度，在其推动下，经济与社会高速发展，城镇与乡村地区的居民收入也得到显著提升。但是随着时代的发展，不同产业、不同地区之间的收入差距开始呈现扩大趋势，以往分配制度的不足也逐渐暴露出来。数据表明，我国2009年的基尼系数是0.49，2022年的数据虽然回落到0.47，但依然超出国际警戒线0.07。有关部门对我国收入水平前10%以及后10%的群体的收入水平进行了统计，得出的结论为：1988年前者的收入是后者的七倍左右，到了2012年，这一数据已经提升到了二十三倍。由此不难看出，中国当前的分配制度已经难以满足"公正"的要求，这种分配制度下所呈现出的巨大的收入差距，无疑与社会主义的发展目标背道而驰。这种局面的产生不仅有当下经济社会发展的原因（计划经济体制的残留、市场经济发展不完善、不成熟），还有制度性的原因，如政府倾斜政策过度等。溯源究底，最为根本的原因还在于法律制度方面的问题：制度建设不完备、配套机制缺乏、落实不到位等。尤其在薪酬分配领域，收入分配公正的法律意识尚未形塑到位、政府权责错位等。这不仅影响了市场经济的健康发展，也极易引发社会分配不公正的现象。

中国共产党第十九次全国代表大会工作报告中明确指出，中国特色社会主义进入新时代，我国社会主要矛盾已经转化为人民日益增长的美好生活需要和不平衡不充分的发展之间的矛盾。这一论断说明在我国现阶段，各个产业、各个地区之间依然存在巨大的收入差距，社会还未能实现均衡充分的发展。此时人们对美好生活的需求越来越大，二者之间所呈现出的矛盾就是我国当今时代所面临的主要矛盾。从此可见，无论一个国家、一个区域，抑或劳动者个人，都需要对收入分配公正问题予以高度重视，并通过此问题的解决来不断促进社会和谐稳定。

习近平总书记高度重视收入分配的问题，就此提出了一系列要求。早在2013年2月28日中国共产党的十八届二中全会第二次全体会议上，总书记提出要使全体人民朝着共同富裕方向稳步前进，绝不能出现"富者累巨万，而贫者食糟糠"的现象。[①]收入分配制度改革是一项具有高度复杂性、综合性的重要活动。我国各地区的政府部门应当首先对自身的认知进行更新，深刻意识到这一改革活动的必要性，并通过一系列手段缩小收入差距，建立更加合理的分配制度。除此之外，习近平总书记还指出，在关注经济的同时还应当重视人们的收入水平，在关注劳动生产率的同时还应当重视劳动者的报酬水平，只有人们的收入提高了，人们的生活才会真正得到改善。我们应当逐步对我国的各项机制进行改革与优化，改善收入分配结构，实现均衡发展。[②]2018年，习近平总书记在马克思诞辰二百周年纪念会议中提出，应当时刻把握以人民为本位的原则，把握群众所面临的实际

---

① 参见习近平在党的十八届二中全会第二次全体会议上的讲话，载于http://www.chinanews.com/gn/2016/01-01/7697573.shtml，最后访问日期：2020年8月24日。

② 参见习近平在党的十八届五中全会上的讲话，载于http://cpc.people.com.cn/n/2013/0301/c64094-20638535..html，最后访问日期：2019年12月3日。

问题，不断通过一系列措施改善人民的生活。①

　　分配问题越来越引起普通民众的关注和热议，也逐渐成为理论界研究的重点对象。我国社会主义分配思想的理论基础是马克思主义分配理论。自新中国成立以来，我国的分配制度不断发展完善，取得宝贵的成果，中国特色的分配体制得到深入发展，在坚持马克思主义的基本立场和方法论的基础上，结合我国国情，形成了特点鲜明的分配体系，作为人类分配思想的重要组成部分，在世界分配史上发挥着独特而重要的作用。从国际视角来看，21世纪以来，我国作为社会主义国家，正在向全世界证明着社会主义的巨大能量。我国学界关于对社会主义分配思想、分配模式等的研究不断引起国外学者关注。从国内视角来看，新中国成立以来，特别是改革开放后经济社会发展取得巨大成功，随之而来的却是居民收入与经济发展水平不相适应的现象，收入差距扩大、贫富悬殊、劳动者不能享有经济社会的发展成果等。这些由于经济发展而引发的实际问题客观上要求理论的探讨和指导。中国共产党对于分配问题从没有停止探索，立足于实践，不断对分配理论和分配方式进行改良、丰富与发展。党的十八届五中全会提出的五大发展理念中的"共享"，其内涵正是要社会的发展成果由全体人民共享。薪酬分配公正作为"共享"发展的重要内容和要求，需要理论界不断予以高度关注和探索。与收入分配相关的法律制度能够对薪酬分配行为起到规范与限制的作用。从我国现行宪法来看，关于收入分配有一些制度性框架约束，但是在具体的法律制度设计和衔接的过程中还存在一些问题。在法律视野下，只有切实实现劳资分配权利平等配置，才能达到劳动者收入分配公正的目标。但是我国现行收入分配法律制度的导向设置是以资本产权为主，在劳资权利的法律配置上缺乏平等，相关劳动力产权方面的法律缺位，在"强资本弱劳动"的格局下，劳动法体系对于劳动者的倾斜保护掩盖了薪酬分配中劳资关系的严重不平等。基于此，笔者立足于人

---

① 参见习近平在纪念马克思诞辰200周年大会上的讲话，载于http://cpc.people.com.cn/n1/2018/0505/c64094-29966415.html，最后访问日期：2019年12月3日。

权保障的原则，结合倾斜保护劳动者理论，探讨劳动者薪酬分配公正实现的法律路径，通过完善相关法律机制为薪酬分配公正提供制度保障，提高分配的合理性，进而真正从实质上达成薪酬分配公正的最终目标。

当前，我国正开启"十四五"建设新阶段，处于不断破解主要社会矛盾的关键时期，也正处于全面深化体制改革的重要机遇期，收入分配公平公正对于促进社会发展具有重要意义。应该不断发扬中华民族"重公贵平"的良好传统，实现预期的全面改革之目标。为此，在相关理论的框架下，从法律角度分析研判我国分配问题，系统研究我国劳动者薪酬分配公正的法律实现问题，对于更好推进"十四五"规划的实施，有效解决当代社会主要矛盾、实现共同富裕，实现人的全面发展都具有重要的理论价值和实践意义。

（二）研究意义

1. 理论意义

第一，有利于深入认知马克思主义分配理论。针对我国基本国情，以法律视角深入、系统地探究劳动者薪酬分配公正问题，对马克思分配公正思想再认识、再探讨、再研究，可以不断拓展对马克思关于劳动者分配公正思想的内涵，让马克思主义分配思想在新时代具有更强大的实践指导能力。

第二，有利于丰富和深化我国分配理论研究。我国古代儒家、道家等思想蕴含了分配正义思想的精华，将传统文化中围绕分配正义的相关论述，与马克思分配理论相结合，并将理论嵌入具体实际，批判和继承古代分配正义思想，用古代分配正义思想的精华内容指导我国新时代、新矛盾下的薪酬分配。本书的研究有助于丰富社会主义分配理论的内涵，以更加完善成熟的理论对我国的实践进行引领和指导，促进薪酬分配公正这一目标的实现。

第三，有利于丰富劳动者薪酬分配的法学理论。梳理国内外关于劳动者薪酬分配的文献，多为从经济学、管理学、哲学视角的探讨，更多是从公司发展的视角融入经济社会发展或政府责任等相关内容进行探讨，而从法律视角探讨劳动者薪酬分配问题的文献甚少。在现有文献基础上，较为全面深入、系统地研究劳动者薪酬分配公正的法律实现，可以丰富和发展劳动者薪酬分配的法学理论，对有效运用法律手段实现我国劳动者薪酬分配公正合理的目标具有指导意义。

2. 现实意义

第一，以分配公正理念作为核心建立劳动者薪酬分配制度，能够有效维护广大人民切身利益，促进经济社会快速健康发展，促进社会繁荣，也有利于化解劳资矛盾，构建和谐劳动关系，进而推动社会的和谐稳定发展。

第二，能够促进中国收入分配制度向更合理的方向发展。本书对马克思主义分配理论进行了系统梳理，分析了当前我国在收入分配环节存在的实际问题，从法律角度入手，提出相关解决措施，能够对中国收入分配制度改革起到促进作用。

第三，有利于协调和处理公平与效率之间的矛盾。在我国经济社会快速发展时期，只有将公平与效率之间的关系调整好，才能更好地实现公正的薪酬分配，保障弱势群体的收入水平。通过平衡协调公平与效率的矛盾，促进贫困地区的经济发展，不断缩小贫富差距，稳步推进经济社会健康发展，真正实现社会公正，充分体现社会主义本质要求。

第四，有利于以法律手段保障薪酬分配公正。不断破解我国现阶段社会的主要矛盾，达到收入分配公正这一目标，政府所制定的经济政策、社会政策固然必不可少，但更需要完善合理的法律保障，以法律手段来维护劳动者的薪酬分配公正，才能真正保障劳动者劳有所得、得所应得，才能真正实现社会公正发展。

二、研究现状述评

（一）分配正义研究

1. 国外研究方面

分配正义这一问题一直是许多西方学者关注的重点，有关这一问题的讨论可以最早追溯到古希腊时期。柏拉图在其著作《理想国》中以对话的形式讨论了他对正义的看法，随后亚里士多德等人又进一步作出了发展与完善。20世纪，米勒、沃尔泽等学者继续围绕这一话题撰写了包括《社会正义原则》在内的一系列著作。

有关分配正义这一问题，柏拉图最早阐述了有关正义的理论。其后亚里士多德以此为基础进行了发展，他将正义分为两类，分别为"分配正义"和"矫正正义"。他指出，分配正义的概念是包括物质、名誉、尊重等人类所共有的财富的分配的正义。矫正正义的概念是能够在私人交易发挥矫正作用的正义，其能够对秘密交易或者强迫交易中出现的不正义的状况加以矫正。[①]米勒明确了分配正义可以分为"结果正义"和"程序正义"，前者主要指在不同时间的不同个体享受的资源、商品、机会和权利的正当性，这可以作为对正义的评价。后者则指个体和组织的利益分配行为所依据的规则的正义。[②]罗尔斯把正义区分为"程序正义"与"结果正义"，也可以称之为形式正义和分配正义，其对各种物品的分配程序正当性予以定义。他指出程序正义与结果正义之间并不是相互独立的关系，相反二者之间存在内在的联系。结果正义是程序正义的内在要求，只有在满足结果正义的前提下，程序正义才能得以存在。[③]诺齐克提出了"持有正义"，也就是说人们持有东西的正当性问题。他指出"众多互异的持有构成社会中的自然的分配"，反对集中统一的再分配，他将自然分配的统一改变称之为"人为分配"，认为"分配正义"是"由某个体系或机制依据某种标准来集中的分配"。[④]纳斯鲍姆也指出，全球正义不仅仅要求世界上

---

① [古希腊]亚里士多德：《尼各马可伦理学》，廖申白译，商务印书馆2003年版，第79-94页。
② [英]戴维·米勒：《社会正义原则》，应奇译，江苏人民出版社2005年版，第102-111页。
③ [美]罗尔斯：《政治自由主义》（增订版），万俊人译，译林出版社2011年版，第45-57页。
④ [美]诺齐克：《无政府、国家与乌托邦》，何怀宏等译，中国社会科学出版1991年版，第123-151页。

所有的同类都有权过有尊严的生活，同时还要求人们对其他存在具有感知能力。①

从现有的文献来看，国外分配正义理论分几种类型：一是功利主义的分配正义观，主要观点是最大多数人的最大幸福，这种观点产生于近代，代表人物为穆勒、休谟、边沁等；二是罗尔斯的分配正义观，该理论的核心要求近乎平均主义；三是自由至上主义分配正义观，该观点主张个人自由和权利至上，其代表人物为哈耶克。还有一些学者的观点也被继承下来，沃尔泽等学者提出的社群主义分配正义理论、以阿玛蒂亚·森为代表的分配正义理论等。

因为分配正义一直都是人类社会追求的价值理想，西方学者一直在对分配正义进行研究，且不同时期存在不同特点，主要经历了三个发展阶段：②第一阶段是以亚里士多德为代表的、启蒙运动以前的"差异和谐的分配正义理念"，其主要观点为公平分配不仅仅要数量相等，也需要价值相等，不仅要匹配相应的基础，也需要权衡比例；第二阶段是亚当·斯密等学者推出的"以自由为核心的分配正义理论"，他们指出在市场的主导作用下，那些拥有大量资源的群体将自身劳动所得的物质分享给有需求的人，这一过程所体现的就是分配正义；第三阶段是罗尔斯等学者提出的以人的权利为核心的分配正义理论。

2.国内研究方面

目前我国学者针对分配正义的研究大多以同一理论为基础，即马克思主义分配理论。研究内容大体分为两大类。第一类是围绕社会主义分配原则开展的讨论。邹琨指出只有实现人民之间权利平等、不同阶级之间的包容性增长以及整个社会的共享式发展，才能实现社会主义分配正义。③黄有

---

① ［美］纳斯鲍姆：《正义的前沿》，陈文娟、谢惠媛、朱慧玲译，中国人民大学出版社2016年版，第32-48页。
② 朱春晖：《马克思分配正义理论的承传与创新研究》，人民出版社2016年版，第39-44页。
③ 邹琨、邓淑华：《马克思分配正义的历史规定性》，《理论与改革》2013年第1期，第47页。

璋指出在进行分配的过程中应当依照按劳分配原则、补偿性原则等多个原则，进而促进分配公平的实现。[1]第二类是围绕社会主义分配问题开展的讨论。当前中国的收入差距越来越大，导致这一现象的根本成因就是没能建立完善的分配机制，致使无法落实分配正义的要求。[2]

具体归纳，国内学者主要从三个层面对分配正义进行探讨。一是有关西方分配正义思想的研究，出现了一系列的代表作品，如何建华的《罗尔斯分配正义思想探析》[3]；刘须宽的《罗尔斯"分配的正义观"要分配什么?》[4]；贾中海在其著作中依据哈耶克进化论理性主义思想，对罗尔斯理性建构主义理论作出了思考[5]；粟亚丽立足于当前中国的实际情况，对罗尔斯提出的公平正义论和诺齐克提出的权利正义论的可操作性等问题进行了分析[6]。二是马克思主义分配正义理论的有关研究。郭继红指出从本质上讲，马克思主义理论体系中强调的按劳分配和按需分配两个主张就体现了分配正义的理念。[7]宁德业指出，马克思理论体系中的收入分配公平理论具有一定的相对意义，由于时代环境的不同，社会分配制度所发挥的效果也不同，社会的分配公平程度也会存在一定的差异。[8]还有观点指出，公平与平等的概念并不等同，收入分配公平并不意味着要为每个个体提供相等的收入。三是研究中国的分配正义理论，也出现了一些代表作，如吴忠

---

[1] 黄有璋：《论马克思分配正义的四个维度》，《广西社会科学》2017年第7期，第55页。
[2] 董法尧、单德朋、吴建国：《我国收入分配制度中的分配正义》，《海南大学学报》（人文社会科学版），2015年第5期，第36页。
[3] 何建华：《罗尔斯分配正义思想探析》，《治理研究》2005年第5期，第43页。
[4] 参见刘须宽：《罗尔斯"分配的正义观"要分配什么?》，《伦理学研究》2004年第2期，第104页。
[5] 贾中海：《哈耶克进化论理性主义对罗尔斯理性建构主义的批判》，《学习与探索》2006年第4期，第60页。
[6] 粟亚丽：《管窥分配正义的两种当代模式——罗尔斯的公平正义论与诺齐克的权利正义论》，《河南师范大学学报》2003年第5期，第30页。
[7] 郭继红：《马克思主义分配正义观》，山东理工大学2008年硕士学位论文。
[8] 宁德业：《中国现阶段收入分配公平问题研究》，湖南大学出版社2009年版，第5—9页。

民的《走向公正的中国社会》、王云中的《我国劳动者报酬提高和规范研究》、贾可卿的《分配正义论纲》、汪行福的《分配正义与社会保障》、何建华的《分配正义论》、荀关玉的《劳动者报酬合理比重的理论构建与实现途径研究》。

（二）马克思主义分配正义观研究

1. 国外研究方面

20世纪70年代，国外学者针对"马克思与正义"的研究有两种观点，一是"马克思赞成正义说"，二是"马克思反对正义说"。

（1）"马克思赞成正义说"

齐雅德·胡萨米指出，马克思认为无产阶级代言人通过无产阶级的正义标准，对资本主义分配活动予以批判。[①]胡萨米认为可以采用相关的指标对分配制度是否公正进行评估。马克思指出，统治阶级在进行分配制度设计的过程中往往立足于自身的利益，选择对自身所在阶级有利的制度。科亨认为马克思揭示了资本增值的盗窃本质，一种制度建立在盗窃上，其本质就是建立在不正义上。[②]尼尔森认为马克思赞成正义的原因就是因为"工人在资本主义制度下受到了不公正的对待"[③]的观点而推定出来的。罗杰·汉考克从法权、交换、分配、制度公正的角度论述马克思的分配公正，其指出资本主义社会的不公正是系统化、制度化的，应该对资本主义制度予以改善。[④]

（2）"马克思反对正义说"

较有代表性的是罗伯特·塔克与艾伦·伍德提出的观点。罗伯特·塔

[①] [美]齐雅德·胡萨米：《马克思论分配正义》，林进平编译，《马克思主义与现实》2008年第5期，第18页。

[②] 余文烈：《分析学派的马克思主义》，重庆出版社1993年版，第184页。

[③] [加]尼尔森：《马克思主义与道德观念——道德、意识形态与历史唯物主义》，李义天译，人民出版社2014年版，第185页。

[④] [美]罗杰·汉考克，《马克思的正义理论》，李惠斌等编：《马克思与正义理论》，中国人民大学出版社2010年版，第324页。

克对空想社会主义者和蒲鲁东、拉萨尔等人提倡的公平分配主张进行了批判，在《马克思主义革命观》中对马克思的分配公正思想予以反驳。[①]艾伦·伍德认为马克思是反对分配公正的，他认为"马克思根本没有打算论证资本主义的不正义"，在《马克思对正义的批判》中伍德认为，马克思非常重视分配公正问题，但他并不认为打破资本主义私有制是实现分配公正的有效途径。[②]布坎南认为："马克思的思想给传统的政治哲学和当代的政治哲学两个信条——正义是社会制度的首要美德和对作为权力持有者的个人的尊重是个人的首要美德——提出了最为系统、也是最难于应对的挑战。"[③]艾伦·伍德在《马克思对正义的批判》中指出，马克思针对剥削的认知，主要是要对资本主义制度中对工人的剥削的社会性予以揭示，其不认为推翻资本主义私有制是实现分配公平的有效途径，因此也没有指出资本主义的不公正性。[④]

2.国内研究方面

国内对马克思分配公正思想的研究要晚于西方，主要分为80年代对西方文献的翻译和90年代对西方公正理论的评价两个阶段。

（1）围绕马克思公正理论开展的探究

林进平针对马克思主义公正理论展开分析和思考，其指出马克思最初对黑格尔的自由主义正义观持支持态度，随后他经过一系列的思辨，最终发现了黑格尔观念中的不足之处，并且建立了自身的公正理论。[⑤]彭富明对马克思公正理论进行了分析并提出这一理论最终的目标在于人类解放，只

---

① 王艳华：《马克思正义观的复合结构——对分析学派马克思主义正义观论争的前提批判》，《当代哲学问题探索》，2014年第11期，第12页。

② [美]艾伦·伍德：《马克思对正义的批判》，李惠斌等编：《马克思与正义理论》，中国人民大学出版社2010年版，第75页。

③ [美]布坎南：《马克思与正义》，林进平译，人民出版社2013年版，第6页。

④ [美]艾伦·伍德：《马克思对正义的批判》，李惠斌等编：《马克思与正义理论》，中国人民大学出版社2010年版，第75页。

⑤ 林进平：《马克思的"正义"解读》，社会科学文献出版社2009年版，第6-14页。

有这样才能真正达到实质性的公正。①涂良川认为,马克思的公正理论可以具体被分为四个层次,第一层次是立足于人的公正观,第二层次是立足于历史的公正原则,第三层次是立足于社会的公正理念,第四层次则是立足于实践的公正理想。②王广指出人们基于实际分配关系和自身利益关系,以道德的角度作出的思考与批判就是公正,对于无产阶级而言,公正就是彻底消除阶级差距。③

(2)有关马克思分配公正理论的探讨

陶大镛在其著作中指出:"当理论研究的重点不再是流通过程,而是转向生产过程时,现代经济学才正式建立起来。"④刘斌认为伴随着社会发展,马克思的分配公正思想也在不断变化发展。⑤李君如认为马克思的公正观里没有绝对的、抽象的不公正,不公平都是具体的,需要将唯心主义与马克思主义公正观区分出来。⑥李娟认为马克思分配公正从生产资料占用必须实行公平的分配开始,到等量劳动获得等量收入结束。⑦柳平生从正义的主题和诉求概括了正义的原则,"依据劳动贡献参与分配"和"依据需要分配"是马克思的分配公正观。⑧熊建生、张建华从逻辑形成和实现条件论述分配正义观,主要在《马克思的分配正义观及其现实启示》一书中体

---

① 彭富明:《马克思恩格斯正义批判理论研究》,中央编译出版社2012年版,第21页。
② 涂良川:《在正义与解放之间:马克思正义观的四重维度》,吉林大学出版社2011年版,第3页。
③ 王广:《正义之后:马克思恩格斯正义观研究》,江苏人民出版社2010年版,第70-73页。
④ 陶大镛:《马克思主义经济思想史》,江苏人民出版社1996年版,第76页。
⑤ 刘斌:《马克思主义公平分配观的形成及其核心思想研究》,《当代经济研究》2005年第3期,第8页。
⑥ 李君如:《我们应当重视对马克思主义公平观的研究》,《中国党政干部论坛》2007年第1期,第5页。
⑦ 李娟:《马克思公平分配理论与现阶段我国公平分配问题初探》,《延安职业技术学院学报》2012年第2期,第2页。
⑧ 柳平生:《当代西方马克思主义对马克思经济正义原则的重构》,《经济学家》2007年第2期,第27页。

现。①张兆民系统研究了马克思分配正义理论思想的主要来源、分配正义原则的序列构成、分配正义的思想结构、分配正义在西方发展理念中的新思路和马克思分配正义思想对于现实问题的关切。②杨鹏飞通过研究后指出马克思主义分配公正思想更加注重二次分配公平，其坚持生产资料公有制，对各市场主体都予以平等对待。③

（3）关于马克思分配公正思想重要意义及实现路径的研究

李君如研究认为，不能仅仅依赖道德和法律来解决薪酬公正问题，需要根据社会生产发展所提供的客观条件来确定分配是否公正；④涂良川肯定了马克思思想，在生产力达到一定程度的时候，生产资料公有制必将取代资本主义私有制。⑤李惠斌认为马克思的分配公正意在构建一种理解并回应西方话语的分配公正理论。⑥陈学明指出资产阶级采用的是形式上而不是实质上的公平，因此需要马克思主义理论来指导形式上的公正，结合市场经济中资源配置方式和社会价值目标来达成。⑦

（三）劳动者薪酬分配研究

薪酬是指劳动者因从事社会组织的劳动而获得的报酬。从薪酬支付方式角度分类，薪酬包括货币薪酬（基本工资、提成、奖励、津贴等）和非货币薪酬（职业发展、职位职权、荣誉认可、培训机会等）。⑧从更加宏观

---

① 熊建生、张振华：《马克思的分配正义观及其现实启示》，《马克思主义研究》2014年第5期，第76页。

② 张兆民：《马克思分配正义思想研究》，中国社会科学出版社2016年版，第35-59页。

③ 杨鹏飞：《马克思的分配正义观及其现实启示》，《中共杭州市委党校学报》2016年第4期，第44页。

④ 李君如：《我们应当重视对马克思主义公平观的研究》，《中国党政干部论坛》2007年第1期，第8页。

⑤ 涂良川：《论马克思的分配正义思想》，《现代哲学》2009年第2期，第64页。

⑥ 李惠斌：《一种马克思主义的分配正义理论是否可能》，《中共中央党校学报》2012年第12期，第37页。

⑦ 陈学明：《马克思的公平观与社会主义市场经济》，《马克思主义研究》2011年第1期，第5页。

⑧ 彭剑峰：《现代管理制度》，中国人民大学出版社1995年版，第26页。

的角度分类，薪酬可以分为外在薪酬和内在薪酬。①科学、有效、公平的薪酬体系，能够稳定劳动者队伍，激发其积极性，引导劳动者不仅关注短期收入，更注重自身的长期利益，实现用人单位的长远可持续发展。

在薪酬管理方面，发达国家已经产出了丰富的研究成果。乔治·T.米尔科维奇指出薪酬管理工作在企业中发挥着不可小觑的关键作用，企业所制定的薪资体系一方面直接决定着职工的收入水平，一方面也影响着企业的内部管理水平。②Gomez-Mejia从宏观薪酬角度解析了薪酬，进一步认为薪酬战略主要包括薪酬哲学、薪酬评估、薪酬支付结构、薪酬支付方式。③约翰·E.特鲁普曼主要研究了员工激励方案，员工收入需要与其业绩相关，企业在进行薪酬设计时需要明确多项要素，比如员工基本工资、绩效、福利等。④

在劳动者薪酬支付方面，一些学者认为要把握以下几个要点：第一，薪酬支付策略和方式需要与用人单位的人力资源和用人单位的经营发展战略相一致；第二，对于劳动者薪酬支付一定要有明确依据；第三，劳动者薪酬水平要确保科学合理；第四，构建分层、分类的劳动者薪酬标准及管理体系；第五，用人单位薪酬支付的依据需要具有公平性、竞争性和有效性。当然，用人单位都具有差异性，不同的薪酬制度体现了一个用人单位的理念，制定一个用人单位的薪酬体系需要结合行业特点、发展战略和单位实际。⑤但从普遍性来看，无论何种薪酬制度都需要具备最基础的条件，主要包括：第一，进行岗位估值，建立职级体系并明确各职级任职资格标

---

① [美]约瑟夫·J.马尔托奇奥：《战略薪酬》，周眉译，社会科学文献出版社2002年版，第12页。
② [美]乔治·米尔科维奇：《薪酬管理》，成得礼译，中国人民大学出版社2014年版，第10页。
③ Gomez-Mejia L R, Toward a Contingency Theory of Compensation Strategy, Strategic Management Journal, 1987(8), at 169–182.
④ [英]约翰·E.特鲁普曼：《如何制定员工激励机制》，胡零、刘智勇编，上海交通大学出版2002年版，第26页。
⑤ 赵国军：《薪酬设计与绩效考核》，化学工业出版社2016年版，第40—45页。

准，建设人才体系，构建人才流动的良性循环，做到人力资源对用人单位战略的保障；第二，外部薪酬调查，了解同行业薪酬水平、其他用人单位同职业的薪酬水平。

在薪酬结构方面，一些学者也进行了探讨，认为薪酬结构主要包括基本工资、绩效奖金、岗位津贴和福利，并且提出对知识型员工的激励最为有效，因为知识型员工是"复杂人"，会追求效用最大化。[1]从当前我国用人单位的知识型劳动者激励方面来看，普遍存在上升通道狭窄、薪酬规划不合理、激励差异性不够等问题，因此，用人单位应建立健全知识型劳动者的晋升通道，合理规划薪酬结构等，为知识型劳动者构建多层次的福利体系和绩效挂钩的薪酬同等重要。[2]

（四）分配正义的评判标准

从柏拉图开始，哲学家们一直都在针对分配正义问题展开论争和追问，探求如何分配才真正公正并不断明确其标准，但至今依然没有获得一个放之四海而皆准的答案。

亚里士多德对于分配正义提出的原则是"以应该付出恰当价值的事物授予相应收受的人"。[3]霍布斯则认为应该将属于个人的东西平等地分配给每一个人，如果符合该法则就是公正的，反之就是不公正的。以具体的方式分析，当某物质无法加以分割时，则应当尽可能采取共享的分配方式。如果物质的供给数目相对充足，则应当不对共享进行约束；如果供给数目相对匮乏，就需要依照拥有共享权限的人的数量决定分配的结果，要确保绝对的公平，否则就不能够满足正义的原则。针对不可以分享或者分割的物品，则应该抽签进行决定或者轮流使用。[4]洛克还区分了正义所保护的权利和仁爱所保护的权利，其指出公民社会是在所有人都平等的基础上构

---

[1] 廖泉文：《人力资源管理》，上海辞书出版社2005年版，第50—57页。
[2] 徐瑾琳：《知识型员工的全面薪酬模式管理》，《云南财经大学学报：社会科学版》2009年第4期，第95页。
[3] [古希腊]亚里士多德：《政治学》，吴寿彭译，商务印书馆1982年版，第6页。
[4] [英]托马斯·霍布斯：《利维坦》黎思复、黎廷弼译，商务印书馆1985年版，第23页。

建的，因此需要人们履行"类类互爱"的义务，另外衍生出正义和仁爱原则：正义指的是对每个个体享受劳动所得的，以及祖先传承给他的所有物的权利加以维护；仁爱指的是如果某个个体缺乏衣食住等基础生命保障，则他可以以维持生命为目的，在一定水平上分享他人部分所有物。[①]不但违背正义法则是不正义的，违背仁爱法则也是不正义的。卢梭认为在社会秩序运行中存在的规则就是合理的、正义的，是政府的制度所能提供的最好准则，这是一种至高的原则，因此需要采用和自然法则最接近的方式，通过对整个社会最有益处的手段，解决社会中的不平等问题，进而在维护社会稳定的同时，为每一个个体提供享受幸福的可能。一切立法体系的最终目标即自由与平等。分析卢梭的观点可以明确得出的结论是，判断正义的标准就是两大目标的实现程度以及对两种不平等的调和。[②]亚当·斯密对正义的关注重点在于社会财富的分配。认为社会财富集聚在少数人手中是不公正的。之于社会中掌握极少资源的底层群众而言，获得一部分食物、衣物与住处属于他们权利的一部分。他指出，那些掌握大量资源的群体，将自身部分劳动所得分享给其他有需求的人，使得社会内个体都能拥有满足基本需求的生活，这一过程才是正义。[③]

针对程序正义这一问题，罗尔斯指出，国家在制定出合理的制度后，有关部门以正确的方式对其加以阐释和应用，这就是形式正义的内涵。他还指出，国家的法律与制度应当以平等的形式对待所有个体。罗尔斯把形式正义（有规则的、无偏见的、公平的执法）称为"作为规则的正义"，同时列举了五种正义评判标准，分别为公平、平等、公开（不排除任何人和任何相关信息）、非强制性、全体一致。但他也指出形式和实质正义间存在着内在的、紧密的关联性。如果缺少实质正义，程序正义也就缺少了可依靠的基石。所以他认为，想要对程序正义进行评估，最根本的指标就

---

① [英]洛克:《政府论》（上篇），叶启芳、瞿菊农译，商务印书馆1982年版，第5-12页。
② [法]卢梭:《社会契约论》，何兆武译，商务印书馆1980年版，第41页。
③ [英]亚当·斯密:《国民财富的性质和原因的研究》（上），郭大力、王亚南译，商务印书馆1972年版，第12页。

是在程序的指导下得出的结果是否符合正义的标准，换言之，应当通过能否实现实质正义，来对程序的正义性加以评判。[①]巴利认为社会正义原则是评价制度的标准。在分配流程上"基于公平的正义"注重的关键在于分配，其价值判断为"适合要求的正义性，类似于对标准的合理应用"，最重要的准则是决断者"毫不惧怕、毫不袒护，抵制依托阶级、友情或者种族的近似性等产生的喜好"，公道、忠诚的遵守标准，对每个人都同等看待，"不被个体权益或者兴趣打动，不可以在案子里接受贿赂或者同涉案人员存在私人联系"。[②]罗尔斯和麦金太尔相同的观点是抵制效率思想，但后者的回归更加彻底，认为找寻正义准则的道路就是对着传统的美德思想找寻答案，所以，他更容易侧重于"寻求美德"。在麦金太尔眼里，假如人的思想品德根基欠缺，不管如何健全一致的道德标准也难以对人的活动带来影响。[③]沃尔泽总结并证实了"市场交易、需求、应得"三类不一样的分配标准，力主不一样的事物要恪守不一样的标准加以分配，他力推多样的正义以及复合的公平，而且认为这三个标准在特殊范畴均属于合乎正义的规定，然而任何一方面都不可以超越全部的分配范畴。[④]阿玛蒂亚·森认为财富本身没有价值，所得或者财富状况很难证实个体优势，也难以全方位地体现人的生活质量。所以他更重视"可行实力"的配备，而并非所得以及财富。"可行实力"具体指个体完成各种自我感觉存在价值的工作的现实实力，更为重视个体生活现状，而并非仅仅思考个体基于物资的占据（以全部或者应用的形式所占据的可供应用的实际物体）状况。所以，依托人人公平的普遍认知，森指出了"可行实力"公平的观点，社会机制基

---

① [美]罗尔斯：《作为公平的正义：正义新论》，姚大志译，上海三联书店2002年版，第8页。
② [英]巴利：《社会正义论》，曹海军译，江苏人民出版社2012年版，第32页。
③ [美]麦金太尔：《谁之正义？何种合理性？》，万俊人等译，当代中国出版社1996年版，第21页。
④ [美]沃尔泽：《正义诸领域：为多元主义与平等一辩》，褚松燕译，译林出版社2002年版，第9页。

于"可行实力"的分配理应实现人人平等的现状,[1]合乎这个标准的分配即为正义。

在分配过程层面,米勒总结了五个判断程序正义的准则。第一,平等,恪守标准,防止袒护及专断情况,公平对待基于分配事物存在自明需要的每一个人,而且公平标准领先于速率、实效等其余的标准。第二,精准,积极寻求同分配有关的所有数据,思考个体需要,聆听关键的建议。公正的程序一定是精准的程序,就算当流程所出现的结论整体上一点不比应用别的措施所实现的结论好的状况下也是这样。第三,公开,程序应用的规范一定要透明、放开,且尽量介绍给提请人听,从而便于后者认识。第四,尊严,程序不得规定大家以损及尊严的形式活动。例如,在刑事诉讼流程里严禁不法证据获取或者在权利分配里维护一般要求保密的个体数据等。第五,认可,程序所应用的客体必须认可这一应用活动。整体上说,米勒力主"正义的较低限度规定在个体以及人群的福利上前后相同:不论所应用的规范是什么——需求、应得、公平或者程序层面——互相近似的人一定要以相同的形式被看待"。[2]

围绕分配正义的评估原则这一问题,桑德尔指出,政府需要以恰当的方式对权力、机遇、金钱等一系列资源进行分配,为每一个个体提供他们理应获得的资源。这一原则也被他称为"应得原则"。[3]

泰勒指出了程序正义的标准主义理念,且借助实证分析,证实了大家评判分配流程是不是合乎正义标准的要求:典型性、没有偏见、忠诚、尽量公平、裁断水平、伦理性以及可矫正性。关涉流程的诸方当事者有充足的机会参加裁断所做的流程,有权利提出建议,裁断者仔细聆听并酌情采取。裁断者在裁断程序里维持中立、没有私见且忠诚,根据相关的客观数据进行决断而抵制其他要素的滋扰。裁断过程中的文明对待、敬重权益、

---

[1] [印]阿马蒂亚·森:《正义的理念》,王磊、李航译,中国人民大学出版社2012年版,第103页。

[2] [英]米勒:《社会正义原则》,应奇译,江苏人民出版社2005年版,第145页。

[3] [美]桑德尔:《公正:该如何做是好?》,朱慧玲译,中信出版社2011年版,第19页。

关爱以及帮助相当关键。程序公平与公平的结论有紧密的联系，假如经由程序出现不公平的结论，大家会感觉程序不公平。在泰勒看来，首先，处理不一样的情况应适应不一样的流程，就算是相同的流程，假如所处理的问题不一样，大家也会应用不一样的规范。其次，在衡量某项流程是不是公平的时候，不一样的人所应用的准则也不一定完全一样。在处理某一特殊类别的情况抑或纷争的时候，绝大部分人乐意应用某类一致的准则来衡量流程是不是公平。①

（五）分配正义的路径研究

国外研究方面，关于分配路径较有代表性的，阿马蒂亚·森认为能力离不开权利，实现分配的正义不仅要注重人的能力，也需人们的权利平等，这是解决分配正义问题的关键。②亚当·斯密在分配问题上所提出的被广为认知的理论即是"看不见的手"。他认为人们所需的资源会在市场的引导下做出有利于社会整体的分配。③诺齐克指出，想要达到分配正义这一目标，必须要以自发秩序和正义持有为原则，政府不可通过各种方式左右个体的财产。④德沃金建立了虚拟保险市场理念，他指出差异化的个体面临风险之时，通过自愿原则进行分配所得出的结果就是最符合公正要求的结果。⑤

我国学者关于分配正义方面的研究成果中，比较具有参考意义的有如下几种观点：张国清提出对于基本社会资源应当采取绝对的等分原则，这一原则是促进社会公平的重要手段。⑥向玉乔指出想要实现分配正义，一方面应当建立完善的制度性保障，另一方面还应当提升社会成员的道德素

---

① ［美］泰勒：《人们为什么遵守法律》，黄永译，中国法制出版社2015年版，第29页。
② ［印］Amartya Sen, What Kind of Equality, Philosophy in The world, 2002（2）, at63.
③ ［英］Adam Smith, The Theory of Moral Sentiments, Published by Metalibri, 1790, at70.
④ ［美］Robert Nozick, Anarchy、State、and Utopia, Basic Books, 1974, at149.
⑤ ［美］Ronald M.Dworkin, Sovereign Virtue, Harvard University Press, 2000, at106.
⑥ 张国清：《分配正义与社会应得》，《中国社会科学》2015年第5期，第25页。

质。[1]

在分配正义的实施手段方面，通过相关的文献梳理发现，学者们提出的实施措施主要集中于以下几点：第一，促进发展。分配正义这一目标只有在生产力极大发达的前提之下才能实际落实，所以应当将促进经济与社会发展作为主要目标。第二，深化改革收入分配体制，建立健全分配制度，确保效率与公平。还需要对第三次分配予以高度重视，要积极鼓励发展社会公益事业和慈善事业。第三，制度优化。一些学者指出应当从政治、医疗、文化等多个角度入手，建立制度性的保障，以促进薪酬公正的实现。

三、本书的基本框架

本书框架如图1.1所示。

---

[1] 向玉乔：《论分配正义》，《湖南师范大学社会科学学报》2013年第3期，第9页。

劳动者薪酬分配公正的法律实现

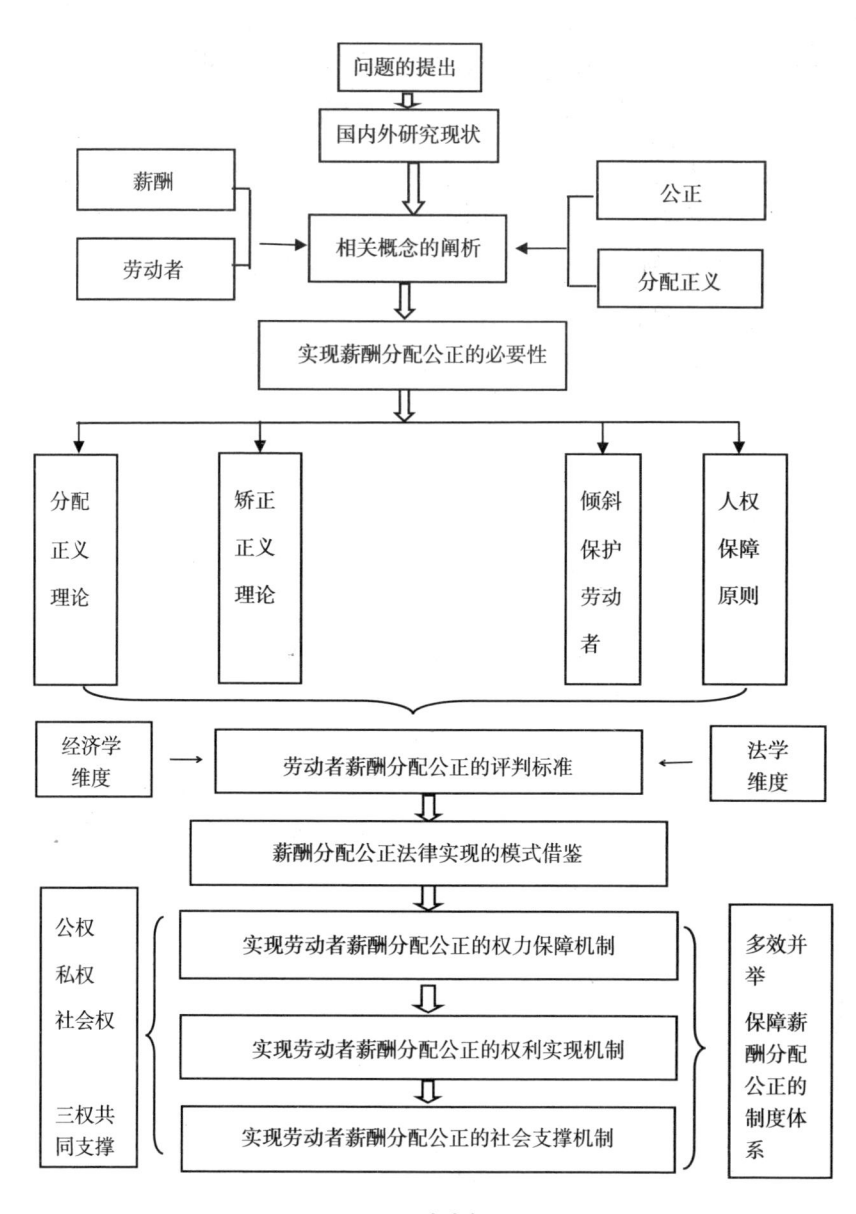

```
                        问题的提出
                            ↓
                      国内外研究现状
                            ↓
    薪酬 ─┐                                   ┌─ 公正
         ├──→ 相关概念的阐析 ←──┤
   劳动者 ─┘                                   └─ 分配正义
                            ↓
                  实现薪酬分配公正的必要性
                            ↓
    ┌──────────┬──────────┬──────────┬──────────┐
    │          │          │          │          │
  分配        矫正      倾斜        人权
  正义        正义      保护        保障
  理论        理论      劳动者      原则
    │          │          │          │
    └──────────┴────┬─────┴──────────┘
                    ↓
  经济学  →  劳动者薪酬分配公正的评判标准  ←  法学
  维度                                           维度
                    ↓
          薪酬分配公正法律实现的模式借鉴
                    ↓
  公权 ┐   实现劳动者薪酬分配公正的权力保障机制   ┌ 多效并举
  私权 │              ↓                          │ 保障薪酬
  社会权│  实现劳动者薪酬分配公正的权利实现机制  │ 分配公正的
        │              ↓                          │ 制度体系
  三权共│  实现劳动者薪酬分配公正的社会支撑机制  │
  同支撑┘                                          └
```

图1.1　本书框架

四、研究方法

（一）宏观与微观相结合研究方法

薪酬分配既是劳资双方的自愿行为，又与国家深化收入分配制度改革密切相关，薪酬分配不公正，宏观层面上会继续增大我国收入差距，造成劳资双方矛盾的加深，影响社会的稳定和谐，微观层面上会影响劳动者自身生存发展的需要。据此，本书采用宏观与微观相结合的研究方法，既站在微观层面上，以劳资双方的立场分析劳动者薪酬分配不公正的种种表现和原因，又立足国家宏观视角论述劳动者薪酬分配公正的法律实现问题。

（二）价值分析研究方法

价值分析法的是对某种社会现象的价值属性进行阐释与评估，并对其社会价值加以明示。国家之所以要建立法律，其目的是对人们的经济与社会活动加以规范。就劳动者薪酬分配，需要从社会薪酬分配不公的本质出发，进一步解析分配公正的社会价值，进而确立薪酬分配公正的相关法律原则，真正构建起劳动者薪酬分配公正的法律机制。

（三）文献分析研究法

文献分析法是对当前文献资料加以总结、梳理和分析的研究方法，它是本书的基本研究方法。本书通过搜集大量文献资料，在细致解读相关内容的基础上构建出本书的思维框架，以法学视角诠释劳动者薪酬分配公正问题。本书对薪酬分配公正的理论基础、价值要求、与分配公正相悖的表现、实现薪酬分配公正的分析和探讨均立足于对现有国内外文献资料的认知、内化和运用的基础上。了解学界对此问题的研究现状及研究成果，结合我国劳动者薪酬分配现状，探索实现新时期薪酬分配公正的制度机制。

（四）交叉学科的研究方法

交叉学科研究是当下比较流行的一种分析方法，法学与经济学、管理学相结合是一种典型的交叉学科研究方法。本书选题隶属薪酬分配范畴，薪酬具有明显的经济学特征，薪酬分配又涉及相应的管理学内容，但笔者着重研究劳动者薪酬分配的法律实现，是毋庸置疑的法学问题。本书借鉴经济学相关理论，作为薪酬分配公正的判断标准之一，采用法学与经济学相结合的方法分析现阶段我国劳动者薪酬分配过程中不公正的现象，并在实现劳动者薪酬分配公正的机制中引入管理学的内容，力求运用跨学科研究方法解决劳动者薪酬分配公正的实现问题。

五、预期创新与不足

（一）预期创新

1. 丰富理论研究内容

本书的研究内容是劳动者薪酬分配公正的法律实现，首先构建本研究视角的理论架构，在梳理国内外经典文献基础上，进一步开阔薪酬分配理论研究的视野，结合实际需要运用多学科视角，修正和借鉴国内外分配正义理论为我所用，吸收我国古代分配正义的理论精华，积极吸取新时代习近平总书记关于分配正义的一系列思想内涵，合理构建劳动者薪酬分配公正的多维法律机制，进一步丰富和发展法学学科对劳动者薪酬分配公正问题的研究，并促进薪酬分配公正的法律实现。

2. 拓展法学研究视角

在劳动者薪酬分配公正实现的法律路径上构建法律保障机制，新时代背景下要求我国政策和法律积极转变理念，将传统的"以资为本"理念转变到以人为本、劳资共赢的发展理念上来。合理构建劳动者薪酬分配法律机制体系，逐步有效引导、规范、推进、保障劳动者薪酬分配切实达到公平与效率的有机统一，真正体现劳动者价值，促进新时代和谐劳动关系的健康发展。

（二）不足之处

分配正义的思想和实践研究是一项长期的、系统性的工作，本书的研究和撰写还存在需要改进和提高之处。一是我国社会主义分配思想始终处于一个不断发展变化的动态过程中，随着特殊时期劳动者公平意识的提升，薪酬分配领域涌现出了一些新问题、新矛盾，劳动者薪酬分配公正思想的研究内容、方式及成果也必须逐步更新才能适应新时代的发展要求，未来的研究中也需要及时补充对于中国特色社会主义分配思想的新内容。本书针对当今世界经济状况，针对我国受新冠疫情影响下大力发展内循环经济的大背景，所提出的新观点、新建议也需要在今后的实践过程中不断接受检验而进行修正、补充和完善。二是薪酬分配问题作为经济社会问题的一部分，具有极高的综合性，其与多个研究领域存在紧密的联系，该问题的解决大则关系到整个国家的产业布局、经济发展走向，小则直接关乎着每一个社会个体的收入水平以及公正与否。所以需要协调多方关系，需要通过一系列的反思与探索，找到问题的关键点，进而实现利益的均衡和统一。由此，广泛的理论知识、扎实的学术功底对于薪酬分配公正这一问题的研究必不可少，应当将管理学、法学、经济学等各学科的理论加以融会贯通，开展跨学科的全面的探究。由于受研究时间和知识储备的局限，本书对于薪酬分配公正的宏观研究还需进一步深入，对于构建多层次的劳动者薪酬分配公正法律机制问题研究还需要更进一步强化，这些都需要在今后的学习研究中予以弥补和提升。

第一章　薪酬分配公正及其法律实现的理论阐述

第一节　薪酬分配公正的概念阐释

一、薪酬概念的理论阐析

（一）薪酬的概念界定

西方发达资本主义国家对薪酬机制的研究受到各国不同经济发展程度的影响，内容不尽相同，但依然存在着很多共同点，比如很多研究重点依托于经济学和管理学的视角。亚当·斯密是西方著名的经济学家，他对薪酬问题的关注时间较长。他指出：资本的所有者在利用了他人劳动后，会通过物质的方式对其进行补偿，这种用于补偿的物质就是薪酬。而具体的补偿水平需要取决于二者之间的力量关系。约瑟夫·J·马尔托奇奥指出，雇佣方会为受聘者制定出一系列的工作任务，在受聘者达成任务后，雇佣方会以某种形式为对方提供奖励，这种奖励就是薪酬。[1]乔治·米尔科维奇却将薪酬界定为与企业形成雇佣关系的职员，凭借自身劳动而得到企业提供的各类薪酬奖金、福利以及其他服务。[2]

我国对于薪酬理论的接受和内化经历了较为漫长的过程，伴随着经济的发展和劳动力市场的日趋规范，与薪酬相关的理论越来越受到学界的关

---

[1] ［美］约瑟夫·J·马尔托奇奥：《战略薪酬》，周眉译，社会科学文献出版社2002年版，第65页。

[2] ［美］乔治·米尔科维奇：《薪酬管理》，成得礼译，中国人民大学出版社2014年版，第4页。

第一章 薪酬分配公正及其法律实现的理论阐述

注，将其与我国国情相结合，出现了一些针对我国经济发展特点和劳动力状况的观点。目前国内学者针对薪酬的研究，比较具有代表性的观点有：第一，提出非物质薪酬的定义。薪酬不仅仅是物质薪酬，也涵盖着精神薪酬。物质薪酬及精神薪酬的总和才是对薪酬的整体阐释。[①]单纯的物质薪酬以及单纯的精神薪酬均是不完善、不全面的薪酬，均非长期的薪酬。因此，有必要使用人单位充分意识到全方位薪酬的含义，在保证物质薪酬的前提下，多思考精神薪酬的内容以及构成。第二，提出薪酬应同业绩挂钩。薪酬的平均思想对用人单位的发展进步是有害的。[②]良好运转的用人单位一定要建立劳有所获、多劳多得、优胜劣汰的制度。唯有如此，劳动者的高涨工作热情才可以被全面地激发起来。假如薪酬难以同工作多少以及好坏挂钩，这一用人单位就难以具有主体的竞争力以及胜过竞争者的实力，优秀的劳动者也会接二连三离去。第三，注重薪酬的长远激励效果。长远激励是保证用人单位长期发展的重点，也是保证用人单位具有一支长远平稳、工作认真、诚信度高的团队的重点。长远激励的实际内容能够依照各个职位展开对应的设计。[③]然而不管怎样设计，长远激励的主体价值不可以丢，即保证用人单位平稳实效的进步及壮大，确保用人单位中的劳动者与其共同成长、共同进步和发展。

通过总结能够得出，不同学者立足于差异化的视角，基于薪酬这个定义确立了多元化的解释。一般传统的观点始终认为劳动者薪酬几乎等同于货币所得，事实上，伴随着我国经济的发展，福利、股权等非货币所得在劳动者薪酬构成中占据的比重越来越大。当前，对于薪酬的概念，学术界还没有形成统一的结论，本书综合国内外学者的定义提出，薪酬是劳动者通过为所处组织提供自身劳动的方式，得到各种类型的酬劳总和。薪酬可以从广义与狭义两个层次加以解释，从广义角度讲，薪酬指的是货币以及非货币形式的报酬；从狭义角度讲，则专指货币形式的报酬。

---

① 朱克江：《经营者薪酬激励制度研究》，中国经济出版社2002年版，第34页。
② 冉斌、王清、蔡巍：《薪酬方案设计与操作》，中国经济出版社2003年版，第85页。
③ 李宝元：《薪酬管理——原理、方法、实践》，清华大学出版社2009年版，第11页。

（二）薪酬的构成要素和功能

薪酬主要由基本薪酬、间接薪酬以及可变薪酬组成。基本薪酬是劳动者完成与用人单位约定的任务就可以得到的报酬，具有较强的稳定性和可预测性。间接薪酬突出体现在劳动者的福利上，主要涉及五险一金或者带薪休假等。可变薪酬主要是指具有激励性质的薪酬[①]，如年终奖等，体现劳动者的工作差异，进行差异性奖励的薪酬部分。

薪酬的形式较为多样，一般情况下可以大体分为两类。第一类为外在薪酬，包括岗位薪资、津贴、期权等形式的薪酬。具体而言，此类薪酬还可以进一步分为两个组成部分，即间接性薪酬和直接性薪酬。其中前者包括公积金、带薪休假等非现金形式的薪酬，而后者包括基础薪资、绩效奖金等现金形式的薪酬。常规情况下，这种薪酬的影响因素主要有劳动者的工作能力、工作时间等。第二类属于内在薪酬，也叫作无形薪酬，主要是指用人单位确立的劳动者晋升制度，劳动者借助级别提升或者职位变动使实际收益得以增长，进一步完成自身的远大抱负，属于劳动者通过自身努力工作而得到的认可感和满足感，进而获得精神上的报酬。内在薪酬的出现彰显出劳动者在工作中所获得的个人价值感。

薪酬的主要功能有：第一，补偿功能。受雇劳动者在工作过程中的脑力使用以及体力受损都需要获得补偿，唯有如此，劳动者才可能拥有强健的体魄和充沛的精力，人力资源才能源源不断地被利用，进而助推整个劳动力市场有序发展。第二，激励功能。绝大多数人是以薪酬作为主要的收入来源，在这种情况下能否获得理想的薪酬直接决定了劳动者能否拥有良好的生活质量。有序地对薪酬水平进行调整，使其稳步提升也表现了对于劳动者的关爱，劳动者薪酬的调整也表现出用人单位对于劳动者的工作能力的认可程度。第三，调节功能。劳动者和用人单位在劳动力市场中处于供给和需求的不同阵营，借助有效的、恰当的引导形式，劳动者更喜欢

---

① 刘智强、葛靓、潘欣、刘芬：《可变薪酬支付力度、地位竞争动机与员工创新行为研究》，《管理学报》2014年第11卷第10期，1460页。

加入文化观念相同、薪酬福利优裕、行业内具有重大影响力的用人单位工作。通过对薪酬水平、薪酬等级的调节来激励劳动者提高自身素质和工作能力，随即可以从现在的岗位或职业向更有提升空间、更具竞争力的岗位或者职业过渡，达到一定范围内的劳动力市场人力资源的优化重组。第四，促进竞争功能。每个劳动者都希望获得更丰厚的物质回报，所在用人单位不同工作岗位薪酬水平的高低不同则可以激发劳动者的竞争心态，促使劳动者不断提高自身工作能力和竞争意识。对于一个职位而言，高于市场平均水平的薪酬待遇可以吸引大量劳动者，用人单位则可以择优选择，而低于市场水平的薪酬会造成优秀劳动者的离职。因此，薪酬水平高低的设置要求用人单位有效彰显经济实力，将代表核心竞争力的职位的薪酬水平调整到高于市场平均水平，才能吸引真正的人才。

（三）薪酬的法律属性

劳动者薪酬具有价值属性、财产属性和社会属性。

薪酬的价值属性主要体现在薪酬具有生存价值。薪酬对于劳动者来说是自身和全体家庭成员的基本生活保障，关系到劳动者甚至是整个家庭的生存问题。如果是用人单位的倒闭或者破产，会造成市场中一个或者多个经营主体的消失，但基本不会对用人单位的经营者或者股东的生存产生影响。但是，一个劳动者失去工作岗位或者薪酬，就会出现实实在在的生存问题。所以说，薪酬具有生存的价值。这种生存价值还具有唯一性，因为对于绝大多数普通劳动者来说，劳动薪酬是他们的唯一收入来源，劳动者为了生存，除了劳动也没有什么更合法更稳定的方式。所以薪酬的消失就等于生存可能性的消失。薪酬的价值充分体现了劳动的价值。劳动者是无法占有自己的劳动成果的，这些由劳动者创造的成果全部归用人单位所有，可以说薪酬是劳动者的唯一追求，如果获得薪酬的权利得不到保障，就意味着劳动者的劳动目的得不到实现，就会导致劳动者的劳动失去意义。毫无意义的劳动是对劳动者甚至劳动本身的伤害和否定，也完全与全社会的价值取向相悖。

薪酬的财产属性主要体现在两个方面。首先，薪酬是一种实际存在的财产，劳动所产生的价值已经物化到劳动产品中，这种劳动力价值不会消失，也不能回收。有学者举例说比如老师讲课，下课了，老师的劳动已经完成，无法更改和消失，学生们得到的知识也已经无法收回。[①]这也就是劳动法体系对劳动者薪酬进行保护的原因，不允许用人单位无偿占有劳动者的劳动成果，也不允许任何用人单位在任何时间以任何理由无故拖欠、克扣劳动者的薪酬。其次，薪酬是需要支付才能得到的财产。劳动本身并不能产生薪酬，薪酬需要用人单位在劳动过程中或者劳动结束之后支付给劳动者。劳动法对于薪酬的这种特殊性给出了足够的保护，薪酬的支付不可逆转、不能抵消更不能等待。劳动者付出的劳动就应该得到薪酬，不能因为劳动合同无效或者劳动关系非法而取消支付薪酬，也不能将劳动者变成包身工，用薪酬与其他相对债务进行抵消，更不能将支付的时间拖到用人单位获得实际利润之后，薪酬必须按时足额支付。

薪酬的社会属性是随着企业社会责任的出现而出现的。随着市场经济的发展，劳动关系也逐渐走向成熟，经历了一个从个人到资本，最后到社会的发展过程。比如说针对劳动者的劳动职业伤害，从初期的由劳动者自行承担，到在用人单位有过错的情况下由用人单位承担，再到用人单位无过错承担责任，经历了从劳动向资本、从个人向社会的转移。这样的变化同样发生在劳动权的发展上，初期的劳动被认为是能够维持生存的一项行为，逐渐发展到劳动是一项权利，再到现代公司中劳动者持股的出现，劳动和资本的界限已经不再泾渭分明，这种变化也有效地降低了劳资矛盾，缓解了劳资关系。现代公司社会责任的出现，将用人单位推向社会层面，其不再是单纯地追求利润最大化，同时也强调从社会责任的角度出发对待劳动者，处理劳资关系。凸显薪酬的社会属性也可以更好地保护劳动者的薪酬权益。

---

① 黎建飞：《工资的属性与特殊保护》，《法治论坛》2008年第2期，第102页。

二、劳动者概念的理论阐析

各国学者由于所处的政治环境等因素存在广泛差异,因此对劳动者这一概念的阐析也存在区别。在英美法系中,劳动者这一概念被等同于"雇员",源自主人对于奴仆的称谓,服从主人安排的奴仆即为"雇员",另外的称谓为"自雇劳动者",也就是并无雇主,而是为自身工作,这类劳动人员不具有所说的劳动权益,也没有劳动纠纷。伴随着社会的进步,"奴仆"的定义渐趋被剔除,取而代之的是"雇主"和"被雇佣人员",然而雇主不再掌控被雇佣人员的行为,仅仅下达某一预想或者思路,至于实施状况,雇主无权加以掌控。在大陆法系中,劳动者被定义为,在劳动关系持续期限内以雇主的要求为依据提供相应的劳动。需要指出的是,这种劳动具有人格从属的特质,换言之,如果受雇者没能对雇主的指令加以执行,就会导致自身的利益受到损害,受雇者必须在雇主的控制之下开展雇主所需的劳动。[①]当劳动者进入到雇主的生产组织中,雇主对其的控制是全方位的,包括劳动时间、劳动地点、劳动任务、劳动方式等,而劳动者失去了对其自身劳动力的处置权,这种劳动具有利他的性质。

我国属于大陆法系国家,在立法上应该以成文法为主,对于法律概念界定和适用应该确保以下几点:第一,符合语言学上的标准和规范;第二,确保概念本身的内涵和外延明确;第三,确保在整个法律体系中,同一概念在不同法律中的统一。但是,我国劳动法体系中的一些法律概念尚未达到这一要求,界定模糊甚至缺失。"劳动者"概念即是如此。从某种意义上说,劳动法的本质就是为劳动者群体而设定的法律体系,劳动者是劳动法上的最重要主体。但遗憾的是现行劳动法对劳动者之概念却没有做出明确的立法定义,这也直接影响了劳动法调整功能的充分发挥。一方

---

① 周建锋:《"劳动力商品等价交换"的理论诠释》,《马克思主义理论学科研究》2021年第4期,第64页。

面，在现有的语言体系中"劳动者"的同义词很多，诸如打工人、白领、职员、员工等；另一方面，"劳动者"这个词并非某一称呼，更体现着某一类型的人群，学生、商人、公务员、劳动者等。各个系统、各项政策制度里针对劳动者的概念不同，使得劳动者的内涵不统一，欠缺一致性及专业性。劳动者属于一类法律主体，是通过法律赋予劳动权利以及义务的自然人，然而因为国内各类法律法规的立法目的不完全相同，所以，在各类法律中劳动者的概念也不一样。

首先是宪法中的劳动者。我国宪法对于劳动者并未直接给出定义，而是在各项条文中间接表现出来。宪法对劳动者的定义主要分为三个层面：第一层是指相对于剥削阶层的阶级群体；第二个层次是指具有一定劳动能力的人群，例如农民工、城市劳动者等，《中华人民共和国宪法》（简称《宪法》）的第8条和第42条对此有解释；第三个层面是签订劳动合同的人员，即处于劳动关系中的劳动者，对于这一概念，《宪法》第43以及44条中进行了明确。

其次是劳动法中的劳动者。之所以要创设劳动法这一法部门，其根本目的在于维护劳动者的权利不受侵害，以规范化的立法方式对劳动关系加以调整，进而对经济与社会的发展起到保障作用。劳动法中的劳动者的定义分为两类。第一类是和国家机关、事业单位和社会组织等签订劳动合同的受雇者；第二类是和公司、个体经济组织签订劳动合同、产生事实劳动关系的劳动者。可以看出，是否为劳动法上的劳动者，有无劳动关系是关键，但判断劳动关系成立与否，却没有准确界定，只是将用人单位的性质做了列举式的规定。可见，劳动法中的"劳动者"是一个内涵不明确、外延封闭的法律概念，这样的定义会造成司法实践的适用和裁量困惑。

最后是社会保险法中的劳动者。随着社会的进步和发展，保险法的保障人群范围正在不断扩大，逐渐将公务员、个体劳动者、自由职业者等纳入其中，扩大了受保障人员范围和数量，以更好地维护社会稳定。《中华人民共和国社会保险法》（简称《社会保险法》）明确指出：为拥有劳动关系的以及退休后的劳动者提供保障。这里劳动者的内涵相对更为丰富，

第一章 薪酬分配公正及其法律实现的理论阐述

具体包括企业员工、政府公务员、退休人员等。该法以各地区的保险政策和参加保险的种类等作为标准，对参保劳动者做出了更为细致的划分。

通过梳理不难发现，我国对劳动者这一法律概念的厘定尚未明确和统一。随着我国市场经济的完善和社会分工的细化，劳动者分层理论诞生，使得原本模糊的劳动者概念的界定更加困难。劳动者分层理论是在社会分层理论的基础上产生的，主要按照职业差别、薪酬差别、技能差别等维度进行划分，将劳动者分为高、中、低收入劳动者群体。经济利益的差别是劳动者分层的核心所在，由于劳动者的受教育程度、从事行业、所在职位的不同，造成了其所获得的社会利益差距扩大，随之而来的是整个劳动者群体出现了差异性明显的不同层级，劳动者所处的层级不同，其权利诉求也不同。据此，劳动者分层理论认为，不应当以整体化、无差别化的视角对待劳动者这一群体。[①]当下对劳动者分层划分的学理标准并不明确，但是分层现象的出现却体现了对"劳动者"概念的差异性的深度认知，这种差异性表现在能力、意识、态度等方面。对于劳动者分层的表述并不带有褒贬的意味，只是呈现一个客观的分层事实，"中产阶级"或者说"中等收入劳动者"占劳动者中的大多数。我国国家领导人在各种重要会议上的讲话，也都多次提到"扩大中等收入群体，提高中等收入劳动者的劳动报酬"。

由此可见，我国劳动法体系中"劳动者"的概念需要更加精细化，在此基础上针对不同层级的劳动者进行不同程度、不同方式的保护，增进劳动法体系调整的严谨性、科学性，这样才能使劳动者在薪酬分配领域获得实质性的公正，使得不同层级的劳动者实现应得的权益。

按照劳动者分层理论对劳动者的层级划分，本书所指的劳动者并不包含如公司董事、经理等高级管理人员。此类人群并不是完全意义上的劳动者，其薪酬分配方式也不同于普通劳动者。本书所提出的薪酬分配公正的

---

① 王天玉：《求同存异：劳动者的身份认定与层级结构》，《广东社会科学》2011年第6期，第235页。

实现方式也不适用于该群体。

三、公正概念的理论阐析

《辞海》对公正一词作出了如下释义：公正既是一个道德概念，也是一个社会概念。从道德角度讲，它是一种能够对某个个体或群体行为作出评估的标准；它也指某一良好的社会状态，在此社会状况下，应根据相同的原则及规范来看待相同的个体或者事件；"社会历史状况限制着公正思想，公正具有社会性，与之同步的，公正也具有阶级性"[1]。可见，公正是人与人之间的关系定义，属于人与人之间对比的结果。在分配领域"公正"是一种价值取向，它要求合理与公平，同时又主张适度，在某一社会范围内每一个社会成员均应劳有所得、得所应得，这即为公正的根本要求。

无论是柏拉图所畅想的"理想国"，还是欧文等在著作中建立的充满美好期待的社会主义制度，其实质都体现了对公正的追求。很多著名的思想家都关注过公正问题，后人对他们的观点如数家珍。值得一提的是德国哲学家Herman Dooyeweerd，他的看法既吸取了西方的自由理念以及宗教理念，还对此加以取舍，指出了具有自身特征的公正思想。在他看来，每个社会机构均有保障其内部范畴公正的社会职责，实现公正属于国家的职责及目标，法律应在每个社会机构里彰显作用，不存在不受法律法规限制的社会机构。[2]

我国关于公正问题的研究成果颇丰。一些学者指出，公正、共享与发展是构建现代化社会的基础原则。[3]公正是在理想状态下所呈现出的价值取向，同时也是一个原则系统，这一系统内具体包含三个基本原则，分别为

---

[1] 参见《现代汉语辞海》，中国书籍出版社2011年版，第385页。

[2] [德] Herman Dooyeweerd. New Critique III. translated by David H. Freeman and William S. Young. Paideia Press LTD, 1984.

[3] 吴忠民：《社会公正论》，山东人民出版社2004年版，第86页。

机会平等原则、按贡献分配原则以及社会调剂原则。只有贯彻了上述三条基本原则，才能够尽可能地保障人的尊严与权利不受损害。而一旦放弃了公正原则，就如同击溃了社会的地基。①另外，还有一些学者指出，在社会主义的价值体系之中，占据核心地位的要素就是公正。我国以马克思主义社会公正理论为基础，依照现实国情对其进行了创新，并建立了新时代具有中国特色的经济公正。一是确立与践行"以人民为中心"的经济公正价值取向；二是细致研究和辩证分析经济公正，必然涉及三种基础关系，即应得与实得的关系、实质公正与程序公正的关系以及共享和共富的关系。②

本书认为，公正的本质在于衡量与调节人与人之间的利益关系。第一，它是一套评价标准，能够为全体社会成员构建起一个稳定的系统，作为其在社会中生活的通用的指导标准，这是最基础的作用。第二，它可以将整套评价体系分解成为各个小的原则，指导性和操作性较强，诸如按劳分配原则、机会公平原则、保障各社会成员基本权利原则。第三，它具有时代性。公正的内容、评价和实现程度取决于这套体系所处的社会环境，整体的社会生产方式以及由此决定的社会制度，还包括社会成员的精神生活、价值追求等方面的情况，公正的要求会随着时代的不同而呈现出不同的状态及特征。

分配领域的公正可以从两个层面进行探讨，第一个层面是在社会各个部门之间进行的分配，即政府、企业和居民的收入在整体国民经济收入中的比例多少，如三者所占的比例合理、协调，三者的增长速度与整体国民经济的增长速度均衡一致，则基本可判定为公正；第二个层面是在用人单位和劳动者之间进行的分配，即各生产要素在剩余价值中的分配比例，推动用人单位创造价值的生产要素基本包括资本、技术、劳动力、管理等，如各要素在整个生产过程中地位平等，且获得的剩余价值分配比例相同，则基本可判定为公正。但是由于劳动力要素的从属性，劳动力要素所有者

---

① 景天魁：《社会公正理论与政策》，北京科学文献出版社2004年版，第33页。
② 邓红霞：《新时代中国特色经济公正解析》，《学术交流》2019年第9期，第114页。

在分配过程中获得的比例过低，这是我国长期以来存在的问题，也是劳动者薪酬分配公正所必须解决的矛盾之一。

分配公正通过各个环节来实现，只有每个环节都做到了公正，才能使整体的社会分配达到公正的效果。第一个环节是起点的公正。起点公正是指每个社会成员在参加社会活动时的前提是公正的。每个劳动者都拥有平等的身份，以独立的意志按照自身利益为导向，在市场经济允许的范围内进行创造活动，并获得相应的收入。不能由于性别、年龄、民族的差别而使劳动者受到不公正的待遇。这里要强调的是起点的公正并不反对和否定差异，劳动者因为先天的智力、受教育的程度和家庭背景的不同，自然能力会有所不同。这就如同不同的用人单位，在资产状况、管理水平和员工素质不同的情况下，创造出的经济效益也会不同，是被允许和认可的。我们所追求的不是片面的公正，而是在考虑多方综合因素情况下的起点公正。在市场经济社会中，起点不公正会被无形的扩大，是最为严重的不公正，起点不公正必定会使得分配结果不公正，分配结果不公正又会导致下一轮的起点不公正，长期恶性循环下去会导致两极分化严重，导致社会矛盾不可调和。由此，实现起点公正是市场经济中分配公正的重要环节。第二个环节是机会与规则的公正。机会公正是指给予每个劳动者平等的机会，使其均可凭借自己的努力和付出，得到应得的回报，包括薪酬、福利、社会评价和地位。市场经济条件下，机会面前人人平等，这种机会公正不否认因个体的勇气、运气等造成的差异，而这种差异势必会带来分配的差距，这种差距是必然的也是必要的。机会公正反对的是依靠家庭背景、垄断资源等不合法的因素造成的不平等，这种不平等的竞争会引起整个分配系统的不公正。机会公正的前提条件是规则的公正，规则公正要求每个劳动者在进入市场后所遵守的法律法规、社会规则都是公正且统一的，只有提供一个规范透明、标准公正的制度平台，才能发挥出劳动者最大的效能。哈耶克曾指出，规则公正的标准有三：第一，如果某种人为的屏障，对一部分人的发展起到了阻碍作用，就必须将这种屏障彻底打碎；第二，一个国家内的任何民众都不应当以任意形式掌握特殊权利；第三，

第一章 薪酬分配公正及其法律实现的理论阐述

国家以推动发展、改善人民生活为目的而制定的法律法规或政策，必须同等地作用于一切人民。[①]市场经济的竞争机制具有开放性，在这种前提下，一切符合法律法规要求的机会都必须面向所有人，只有这样才符合公正的标准。第三个环节是结果的公正。在我国，长期受计划经济的影响，很多人一提到结果公正就想到了"大锅饭"平均分配，随着市场经济体制的逐步完善，不应如此狭隘地理解结果公正了。每一个劳动者在不违背经济社会规范的条件下，通过参与生产活动而获取了一定的收入，其收入水平与在生产过程中所付出的劳动或贡献水平相统一，这就是结果公正的体现。这里的结果公正有两个层面的含义：一是结果公正必须与前面所提到的起点公正、机会规则公正相一致。如果劳动者所处的起点公正、所拥有的机会公正、所遵守的规则公正，那么不管取得什么样的结果，都是公正的；二是劳动者之间的薪酬分配差距并不是结果不公正，只要将这种差距控制在合理的范围内即可。劳动者因为自身素质和努力程度的不同，导致薪酬高低不同，是很正常的，也是必要的，只有不合理不合法的薪酬差距才是背离公正的。这里需要指出的是，在现实社会中，往往合理合法的薪酬差距也给人们带来不公正的感受，这是因为薪酬差距已经超出了合理的范围。

由此可见，公正没有统一的标准可循，很大程度上属于人们的一种心理判断。劳动者会通过类比的方法来判断自身薪酬的高低，以及这种薪酬水平是否公正合理。首先是劳动者之间的比较。随着劳动法体系的不断健全完善和普通劳动者维权意识的增强，"同工同酬"逐渐深入人心。虽然"同工同酬"的法律解释比较模糊，界定相对困难，但此类案件却在我国劳动争议案件中占比巨大，同样的劳动者付出同样的劳动，完成同样的工作，只因为身份不同、编制不同，无法得到同样的薪酬，这的确会引起人们强烈的不公正感。2020年，我国基本完成了所有事业单位的分类改革，

[①] [英]费里德里希·冯·哈耶克：《自由秩序原理》，邓正来译，生活·读书·新知三联书店，1997年版，第111页。

一部分人要被取消事业编制，变为企业职工，这种变化对"同工同酬"提出了更高的要求。可以说解决好"同工同酬"的问题，就会在很大程度上提升劳动者在同行类比时的公正感。其次是劳动者与用人单位高管的比较。虽然本书已经将用人单位的高级管理人员界定在劳动者的范畴之外，但不影响劳动者就薪酬分配问题与之进行比较。高管在用人单位的日常生产中承担着比劳动者更重的任务和职责，他们通过较高的自身素质和工作能力，对整个单位进行规划和管理，可以创造出比普通劳动者更高的社会价值，所以高管的薪酬高于劳动者无可厚非。有研究表明，高管和劳动者之间的薪酬差距保持在一定范围内，会对用人单位的绩效产生正面影响。但是当两者的差距过大时，对绩效的负面影响就会显现。这种U型曲线的研究结论证明了要把高管和劳动者的薪酬差距控制在合理的范围内才能体现公正。而我国现阶段，高管和劳动者之间动辄几百倍的薪酬差距，必然会大大降低劳动者群体的公正感。最后是劳方与资方的比较。由于劳动者在劳资关系中的弱势地位和劳动力要素特殊的属性，造成了劳动力要素在参与剩余价值分配的过程中处于劣势，所占比例过低。前文已经说明，只有在各生产要素之间地位平等，且所占比例基本一致情况下的分配才是公正的。我国在深化经济体制改革的过程中，特别是党的十八大之后，明确提出"积极实现居民收入与社会经济发展同步增长，劳动报酬增加和劳动生产率同步提升，提高居民收入在国民收入分配中的比重，提高劳动报酬在初次分配中的比重"[①]。2019年，劳动者薪酬占初次分配总收入的比重为52.2%，比2012年提高4.7个百分点。2023年上半年人均可支配收入19672元，扣除价格因素，比上年同期增长5.8%。尽管数据在向好的方面发展，但劳动者的心理感受依然是工资涨不过物价、存款跑不赢通胀，这就需要继续提高薪酬在初次分配中的比例，带给劳动者切实的公正感。综上所述，这三个层次的类比，最容易使劳动者产生薪酬分配公正与不公的直观

---

① 参见《坚定不移沿着中国特色社会主义道路前进，为全面建成小康社会而奋斗》，2012年11日中国共产党第十八次代表大会工作报告。

心理感受，可作为法律调整薪酬分配差距的考量标准，也可作为解决劳动者薪酬分配公正问题的现实参照。

第二节 薪酬分配公正的理论基础

一、哲学维度

（一）分配正义理论

梳理西方文献资料可以发现，分配正义属于当下西方政治哲学论辩的一个焦点问题，从亚里士多德到罗尔斯，研究内涵出现了转变，分配正义逐渐同财产权建立起联系，从以德性为基础渐趋演变为以规则为根本。

1. 亚里士多德：以政治权利为核心的分配正义

亚里士多德较早阐述了分配正义的内涵，后来学者大多延续了他的框架或在此框架中进行研究。就分配成果而言，他所作出的论述主要集中于《尼各马可伦理学》这一著作之中。他对正义这一概念作出了分类，首先分为普遍正义与具体正义两个大类，并且在具体正义下进一步划分为两小类，即为分配正义与矫正正义。亚里士多德认为，前者是在对可分析的共同财富进行分配的过程中所体现出的正义，而后者则是对私人交易加以矫正的正义。[1]

关于分配正义，亚里士多德对分配的研究重点涵盖了政治权利、公共财物以及荣誉的分配。其中，关涉政治内容方面的分配最为基础。亚里士多德指出，政治体制的实质是一个城邦对公职这种资源所采取的分配方式。公民可以根据受职人员的能力决定分配情况，同时也可以依照平等原则，将公职平等分配给所有公民。基于城邦的构成以及城邦优势资源等一系列因素中存在的差异，城邦所衍生出的分配方式可能有若干种，而相应

---

[1] [古希腊]亚里士多德：《尼各马可伦理学》，廖申白译，商务印书馆2003年版，第3页。

的政治体制也同样为若干种。①在亚里士多德的《政治学》里对公职分配相当关注，公职分配形式属于确定政体特性的重中之重。亚里士多德较少地将分配与财富关联起来，也并未指出财富分配需要恪守正义的规定，有关政府分配物质财富的观点成为亚里士多德同现代政治哲学基于财物分配的不同之处。

2. 大卫·休谟：以财产权为核心的分配正义

大卫·休谟作为英国启蒙运动中最为瞩目的思想家，其贡献在于在他之前从来没有一个思想家将财产权置于分配正义的视角下考察，他是西方思想史上最早系统检视商业社会合法性的思想家，作为引领西方传统政治向现代政治转型的重要人物，休谟打破了传统意义上分配正义的界限，力主以财产权为主体的分配正义原则，为现代分配正义的拓展性人物罗尔斯带来了深远的意义。

他提出这一理念的核心在于财产权。"正义的来源是人的利己性以及有限的利他性，除此之外还有自然为人类提供的少量的供给。"②他认为正义产生的客观条件是自然物资处在某一既不是相当缺乏也不是相当富足的中等欠缺状态，"人们假如是自然而然地追逐公益，而且是积极地追逐，那么他们就绝对想不到要使用此类正义要求来相互制约；如果人们以利己性作为一切活动的原则，就必然会导致暴力的产生"③。如果所有人都能够拥有完美无瑕的道德，或者自然资源无穷无尽，那么正义原则就没有存在的必要性。

因此，作为正义产生的充分条件，一是资源的有限慷慨，二是人性的自私，进而需要通过缔结协议来避免人与人之间的财产纷争。休谟还一再强调，正义的起源说明了财产的起源。

3. 亚当·斯密：以交互正义为基础的分配正义

在理论层面，亚当·斯密同休谟有着紧密关联，在休谟的基础上，

---

① [古希腊]亚里士多德：《政治学》，吴寿彭译，商务印书馆1965年版，第132页。
② [英]大卫·休谟：《人性论》，关文运译，商务印书馆2009年版，第67页。
③ [英]大卫·休谟：《人性论》，关文运译，商务印书馆2009年版，第69页。

他主张保护个体财产权,保护正义的法律政策,重视商业社会里的交互正义,以自由贸易、竞争的形式来达到交易公正,进一步达到分配公正。

亚当·斯密提出了人类社会进步和发展的四个不同阶段,它们是依次出现并得到发展的,分别为狩猎社会、游牧社会、农耕社会、商业社会,财产权的发展历史也同样遵循了这四个阶段,流动性强可谓商业社会最大的特征,分工不断细化带来了财产权的确立。他通过商业社会财产转让的必要性和合法性来阐明分配的内涵。

亚当·斯密认为正义是社会得以发展的基石。有人说,社会之所以能够存在是因为人类的仁慈。亚当·斯密对此持反对意见,他指出只有正义才能够推动社会的发展。由于正义的存在,即使缺乏仁慈之心的个体也会在正义的约束下,控制自己做出可能对社会发展产生阻碍的行为。一旦正义缺席,社会的一切其他制度就会土崩瓦解。① 他在著作中提到,如果将社会比作一栋大楼,正义就是其承重支柱,一旦这根承重柱不再稳固,整个大楼也面临着彻底坍塌的危险。② 在英国启蒙学者眼中正义被视为商业社会里最基本的要求。

在《国富论》里,亚当·斯密所探究的最核心议题即为正义,交换属于所有商业行为的关键,正义在商业时代的所有商业行为里发挥着根本性作用。他非常注重交互正义,主张每次交换都具有深远意义,却较少谈到分配正义,因为他认为分配正义的根基为交换正义,所有分配均必定借助交换来达成。

4. 马克思分配正义理论

马克思分配正义主要探讨了三个层面的问题,也就是"为谁分配""谁来分配"以及"分配的根据",在这一前提下逐步提出了"每个人"以及"一切人"属于分配的基本主体;自由人"联合体"属于其体制保证;"自由发展"属于其根本的价值追求。

---

① [英]亚当·斯密:《道德情操论》,蒋自强等译,商务印书馆1997年版,第106页。
② [英]亚当·斯密:《道德情操论》,蒋自强等译,商务印书馆1997年版,第110页。

首先，马克思分配正义着眼于"社会化的人类或者人类社会"，核心主题为"每个人"以及"一切人"，核心范畴为评判分配是不是正义以及正义标准的规范，也就是"少数人""多数人"抑或"每个人"，分配公正的基础是明确"为谁分配"。"每个人"和"一切人"互为支撑，最终目标是实现全人类的解放。[①]其次，马克思分配正义理论的制度保障是自由人"联合体"，实现公有制才能回答和解决"谁来分配"的问题。再次，马克思分配正义理论的价值目标是"自由发展"，需要是人的本性，分配依据要更人性、更合理，也更加正义，自由发展要内化成分配形式的根本依据，而自由发展必须指向"每个人"以及"一切人"。

（二）矫正正义理论

在《政治学》以及《尼各马可伦理学》里，亚里士多德提出并解释了矫正正义思想，矫正正义恪守数目相等的要求，而分配正义却遵守比值相等的要求，彰显于对公共财物的分配上，公正的分配必须依据德性而进行。每个个体的社会价值以及贡献度存在普遍的差异，因此其相应获取的政治权利与政治地位也有所区别。他提出正义具体包含两个内涵：一种是数量均等，意思是所有个体，无论自身性质与贡献的差异，均得到相同数量的资源；另一种是比值均等，意思是以每个个体的价值为基础，依照比例进行资源分配。[②]亚里士多德把个体价值或者是对公共事宜的付出叫作德性，且提出"公正属于所有德性的总和"。[③]

在《尼各马可伦理学》中亚里士多德着重阐释了矫正正义，他认为法律政策上的正义是第一位的，达到矫正正义的重点是法官，法官通过法律评判削夺具有不正义举动的一方的物资来补偿受损的另外一方，让两方的得失达到平衡。自实质上而言，这属于对触犯法律的不公正现象的惩戒以及对受到损害者的补偿，某种意义上实现侵害者以及受到损害者间利益的平衡。

---

① ［德］马克思、恩格斯：《马克思恩格斯文集》第1卷，人民出版社1972年版，第506页。
② ［古希腊］亚里士多德：《政治学》，吴寿彭译，商务印书馆1965年版，第59页。
③ ［古希腊］亚里士多德：《尼各马可伦理学》，廖申白译，商务印书馆2003年版，第96页。

首先，矫正正义存在某种抽象性，然而并不是一点内容也没有，其在行为标准层面存在相当强的、实际的制约效果；其次，矫正正义针对不正当举动而言并非孤立的，它存在两面性。矫正正义强调不可以只是思考当事者自己的现状，而一定要整体思考两方要素，原因是仅仅思考一方权益是难以对另一方发挥充分的限制效果的。

后世的哲学家、伦理学家、法学家对亚里士多德的矫正正义进行了广泛的关注和深入的研究。虽然学者们的论述各有重点，但基本都建立在以亚里士多德的矫正正义理论为核心的基础上。另外，亚里士多德建立的矫正正义理论被广泛应用于法治领域。

二、法律维度

（一）人权保障原则

英国学者A·J·M·米尔恩指出，所谓人权就是不为他人意志而转移的，在任何时间与环境之下都持续存在的权利。作为个体，不管他们在信仰、性别、阶级等方面存在着多么巨大的差距，他们都拥有相同的人权。[1] 美国学者路易斯·亨金指出，人权不受文化、政治体制、经济条件等因素的限制而广泛存在于每一个个体之中。不管一个人是否出身于上层阶级、从事何等职业、是否拥有良好的能力与品格，他都与其他所有人一样拥有人权。[2] "人权的正当理由是修辞学的，而不是哲学的。人权是不证自明的，包含在人们的直觉和已接受的其他概念之中。"[3] 通过上述论述能够得知，人权是一切个体所共同拥有的权利，[4] 是在某一社会历史条件下，由于

---

[1] [英] A·J·M·米尔恩：《人的权利和人的多样性——人权哲学》，夏勇、张志铭译，中国大百科全书出版社1995年版，第2页。

[2] [美] 路易斯·亨金：《权利的时代》，信春鹰译，知识出版社1997年版，第3页。

[3] [美] 路易斯·亨金：《权利的时代》，信春鹰译，知识出版社1997年版，第2页。

[4] 董云虎、刘武萍：《世界人权约法总览》，四川人民出版社1991年版，第75页。

个体的本质与尊严而需要拥有的基本权利①。

从劳动者薪酬来看，分配需要以人权理论为基础，实现薪酬公正是为了更充分的尊重人权和保障人权，基本人权的构成为生存权和发展权。劳动是生存权实现的基本方式，通过劳动，每个人都能够像人一样生活，确保人的尊严。而个人追求更好生活的权利就是发展权，对于发展权来说，最佳的实现方式和途径即为个人财产。②在薪酬分配时，对薪酬分配公正衡量的主要标准是薪酬是否能够满足其自身需求以及相关家属的基本生活要求，且在确保获得生存权的情况下得到进一步发展，劳动者的生存权能够得到实现。

1. 生存权与分配公正

奥地利法学家安东·门格尔在其著作《全部劳动权史论》中率先提出生存权的概念。他指出，政府应当围绕社会财富分配问题建立起一般客观标准，在这一标准下，一切个体都能够获得与自身生存条件相匹配的财富。③生存权作为人所应当享有的最基本的权利，在各种国际法律文件及各国宪法中均得到了确认。20世纪40年代末公布的《世界人权宣言》指出，一切参与劳动的个体都拥有获取公正合理的回报的权利。人们的劳动所得应当能够维系他自身以及家庭的基本生活保障，在必要的情况下，政府应当通过其他手段加以辅助。20世纪60年代中期发布的《经济、社会和文化权利国际公约》指出，劳动者所获得的回报，至少应当维持其与其家庭的基本生活保障。《国际劳动组织章程》进一步规定，支付给劳动者的薪酬需要达到以下的标准：能够维持合理的生活水平，且这种生活水平是大多数人所拥有和具备的。我国在第十届全国人民代表大会第二次会议上明确强调了"尊重与保障人权"的重要性。劳动者薪酬分配公正问题就是一个与是否能够确保劳动者的生存权紧密相连的问题。因而，保障劳动者生存权必须确保劳动者薪酬分配的公正性。

---

① 中国人权研究会编：《中国人权年鉴》，当代世界出版社2000年版，第3页。
② 林嘉：《劳动法与现代人权观念》，中国劳动社会保障出版社2001年版，第130页。
③ 转引自胡玉浪：《劳动报酬权研究》，知识产权出版社2009年版，第62-63页。

第一章 薪酬分配公正及其法律实现的理论阐述

马克思指出:"全部人类历史的第一个前提无疑是有生命的个人存在"①,"人类第一个历史活动是生产物质生活本身"②,因而,保障生存权首先要求积极保证劳动者及其供养家属的基本生活所需,只有采取劳动的方式才能获得维系生活的收入。一般情况下,人们的生存权是通过劳动得以实现的,劳动会为人们带来相当的薪酬,而这些薪酬则能够供给人们维系自身的生存。③劳动者通过薪酬获得保障生存权的物质来源,劳动者薪酬应当以"足以维系劳动的再生产"④为最低标准。

18世纪,英国经济学家穆勒曾经提出,资本家与劳动者之间是互相成就、互相依赖的关系,生存权不仅属于劳动者,劳资双方生存权的有机统一是薪酬分配公正的体现。⑤在劳资双方生存的相互依赖性上,马克思指出,资本存在的前提,在于只拥有劳动能力的阶级的存在⑥,资本家从诞生的一刻起就必然要依赖于其对立面,即受雇者而存在。⑦日本学者我妻荣认为:"对于资本家来说,必须不断再生产劳动者(即他们的手)。"⑧美国学者卡尔·兰道尔认为真正实行市场经济,就需要有可以成为企业家的人,同时拥有可以成为工人的人。⑨因而,劳动者薪酬分配公正真正实现需要劳资双方生存权的有机统一。在用人单位创造的剩余价值中,一部分要用于劳动者薪酬,使其可以维护自身的生存和发展,还有一部分要用于资本的再生产,扩大生产才能产出更大的价值。所以,劳资双方的生存权是

---

① [德]马克思、恩格斯:《马克思恩格斯选集》第1卷,人民出版社1995年版,第67页。
② [德]马克思、恩格斯:《马克思恩格斯选集》第1卷,人民出版社1995年版,第79页。
③ 胡玉浪:《劳动报酬权研究》,知识产权出版社2009年版,第64页。
④ [日]大须贺明:《生存权论》,林浩译,法律出版社2001年版,第217页。
⑤ [英]约翰·穆勒:《论自由》,孟凡礼译,广西师范大学出版社,2011年版,第138页。
⑥ [德]马克思、恩格斯:《马克思恩格斯选集》第1卷,人民出版社1995年版,第346页。
⑦ [德]马克思、恩格斯:《马克思恩格斯选集》第3卷,人民出版社1995年版,第721页。
⑧ [日]我妻荣:《债权在近代法中的优越地位》,王书江、张雷译,中国大百科全书出版社1999年版,第291页。
⑨ [美]卡尔·兰道尔:《欧洲社会主义思想与运动史》(上卷),商务印书馆1994年版,第21页。

相统一的，公正的薪酬分配不能仅考虑劳动者的利益，要将劳资双方的利益看作一个统一的整体去考量。

2. 发展权与分配公正

劳动者不仅有生存的基本需要，还有自身发展的需要。"发展是人的本质特征，发展既是生存中的应有之意，同时又能够超越生存，体现更高层次的存在。"①

20世纪70年代初，法学家卡巴·穆巴依首次公开提出了发展权这一概念。他指出，每一个个体不仅拥有生存权，还拥有追求更好生活的权利，即发展权。②这项权利是人权中不可缺少的一部分。20世纪90年代，联合国通过了《关于发展权的决议》，其中指出发展的权利是人权的一部分，是平等属于每一个个体的特权。20世纪80年代，《发展权利宣言》中提出了一系列关于发展权的论述：一切个体都拥有享受发展、促进发展的权利；一切个体都应当参与到发展活动之中，并且享受发展所得的成果；一切国家都应当通过可能的手段维护国民的发展权，确保基本资源的分配公正，为每一个个体提供相同的发展机会。

发展权是每一位劳动者拥有的基本权利，劳动者不仅拥有生存的权利，同时拥有更好生活的权利。劳动者要求获得的薪酬不仅应该满足其基本生活所需，同时还能够满足其更高水平的生活需求。1972年法国革命家马拉就呼吁："为了不使人永远生活在贫困中，应该对他们的劳动给予正当的合理报酬。"③19世纪，圣西门曾经指出，应当使得社会内的每一个个体都依照其贡献水平获得尽可能多的财务与福利。④英国空想主义者欧文也指出："我们应当提供条件使劳动者通过自己的劳动赚得一种可靠而舒

---

① ［德］马克思、恩格斯：《马克思恩格斯选集》第3卷，人民出版社1995年版，第721页。

② 转引自徐显明：《法理学教程》，中国政法大学出版社1994年版，第337页。

③ ［法］雷吉娜·配尔努：《法国资产阶级史——从发端到近代》（上册），康新文等译，上海译文出版社1991年版，第187页。

④ ［法］圣西门：《圣西门选集》第1卷，王燕生译，商务印书馆1982年版，第223页。

适的生活，同时还要把他们安置在有利于增进道德和幸福的环境中。"①可见，发展权要求劳动者的薪酬应该和用人单位的发展同步，劳动者不仅需要获得能够维持其自身生活和发展的基本需求，更应当使薪酬参与到用人单位的剩余价值分配中，与资方一起共同享有用人单位发展带来的利润和成果。

同时，与生存权一样，劳资双方的发展权同样存在相互依赖的关系。两者相辅相成，统一在用人单位的发展中。劳资双方发展权的有机统一要求在薪酬分配中实现劳动和资本要素的有机结合并合力将用人单位的财富蛋糕不断做大做强，实现劳资双方收入最大化。同时，劳资双方发展权有机统一还要求用人单位将其发展而获得的成果和利润在劳资之间公平分配，实现合理的共享应为核心和目标。

（二）倾斜保护劳动者原则

1. 倾斜保护原则的含义

倾斜保护原则体现了劳动法的核心理念，也是劳动法的基本原则。劳动法"倾斜保护原则"是由"保护劳动者"和"倾斜立法"两个层次构成的。在劳动法体系中，该原则具有统领和凝聚的功能，在劳动执法中具有指导和制约功能。②立足于维护劳动者利益这一目的，劳动法能够为劳动者的维权提供法律保障，对不合理的劳动关系进行矫正。当然，在劳动法视野下的保护劳动者，某种意义上是一种"兼顾"，以劳动者的保护为前提，同时也兼顾用人单位的利益。"倾斜立法"的内涵主要包括两个层次：第一，在立法阶段内实施保护倾斜，通过立法的方式避免劳动者的权益受到侵害；第二，保护的重点在于劳动者的生存权，在此之上的权利需要依靠劳动者的自主努力来实现。从立法的角度确保劳动者的基本权益不受剥夺，进而为劳动者的发展活动创造充足的空间。

---

① ［法］罗伯特·欧文：《欧文选集》第1卷，柯象峰译，商务印书馆1965年版，第189页。
② 董保华：《社会法原论》，中国政法大学出版社2001年版，第32页。

2. 倾斜保护原则的法理依据

劳动法体系中所提及的"劳动"指的是具有雇佣关系的劳动，其法理依据是劳动关系双方的力量差异。马克思指出，劳动具有物质规定性，同时还具有社会规定性，而劳动这一概念的基础在于是社会规定性。[1]可见，"劳动作为生产劳动的特性只表现一定的社会生产关系。"[2]因此，如果劳动力和生产资料属于不同的主体，那么依靠双方共同结合而产生的劳动过程就是雇佣劳动。[3]

雇佣劳动的规定性如下：第一，由于雇佣关系的存在，导致了从属性的产生。[4]占有生产资料的一方为雇主，占有劳动力的一方为劳动者，或者雇员。第二，劳动是基于契约关系而存在和发展的，排除了强制劳动的可能性。第三，劳动具有有偿性和职业性，这种劳动实际上是一种有偿行为，可以维持劳动者及其家庭成员的基本生活需要。第四，劳动体现了社会经济关系，薪酬成为劳动力价格的体现。

由于雇佣关系的存在，导致了劳动从属性的产生。首先从形式的角度讲，雇佣关系的核心是人身关系和财产关系。其次，在劳动关系的双方在形式上处于平等地位，但实质上则为雇员从属于雇主，此时劳动者所处的是相对弱势的地位。倾斜保护原则有效避免了劳动者陷入缺乏自由与平等的境遇之中，通过法律手段对不合理的劳动关系加以矫正。

---

[1] [德]马克思：《剩余价值理论》（第1册），人民出版社1975年版，第148页。

[2] [德]马克思：《剩余价值理论》（第1册），人民出版社1975年版，第149页。

[3] 雇佣劳动形成是一个历史的过程，在前资本主义时期的罗马法时期，大部分劳动都是强制劳动，从自由资本主义时期始，雇佣劳动得以形成。这一点不单是马克思主义经典作家有精辟论述，资产阶级思想家亦是如此，只不过二者对雇佣劳动本质持不同看法，但这不影响二者对雇佣劳动形式看法的一致性。

[4] 史尚宽：《劳动法原论》，台湾正大印书馆1978年版，第2页。

第三节 薪酬分配公正法律实现的现实必要性

一、以人民为中心的回应

以人民为中心的论断是在"以人为本"的基础上提出的,以人为本的"本"在哲学上可以理解为"本源""根本"之意,也就是说将人看作根本,将人的价值视为根本。我国史书中最早出现"以人为本"一词,是在《管子·霸言》中,本篇记载为"夫霸王之所始也,以人为本"①,可见当时的统治阶级已经看到了广大人民群众的强大力量,欲将其作为维护政权稳定的一种手段。在当今中国的语境下,以人为本的含义已经提升为以人民为中心,即尊重人、爱护人、保护人、发展人。2003年党的十六届三中全会召开,本次会议通过了《中共中央关于完善社会主义市场经济体制若干问题的决定》,提出了全面协调可持续的发展观,坚持以人民为中心,促进经济社会和人的全面发展②,这是中国共产党第一次明确提出以人民为中心的理念。2013年党的十八届三中全会召开,全会通过的《中共中央关于全面深化改革若干重大问题的决定》再次明确了"要坚持以人民为中心,尊重人民主体地位,发挥群众首创精神,紧紧依靠人民,推动改革,促进人的全面发展"③。由此可见,在我国各项改革不断推进的过程中越来越重视以人民为中心,要以最广大人民群众的根本利益为"中心"。

以人民为中心对薪酬分配公正提出了新要求,薪酬分配对于劳动者来说已经不仅仅是基本生活的保障和个人发展的激励,公正的薪酬分配体现的是对劳动者基本人格的尊重。薪酬必须要能保障劳动者的基本生活需

---

① 中华经典藏书《管子》,中华书局出版社2016年版,第132页。
② 参见《中共中央关于完善社会主义市场经济体制若干问题的决定》,2003年10月14日中国共产党第十六届中央委员会第三次全体会议通过。
③ 参见《中共中央关于全面深化改革若干重大问题的决定》,2013年11月12日中国共产党第十八届中央委员会第三次全体会议通过。

求，劳动者可以通过付出劳动来获得薪酬，维持自身的基本生活需求，同时还可以通过较高水平的薪酬来提升自身能力、抚养子女、提高家人生活水平。薪酬使劳动者获得生活必需品和社会地位，对劳动者及其家人的生存、生活、发展提供了资金支持及资源供给等保障作用。薪酬还可以激发劳动者发挥个人潜能和主观能动性，提高其工作效率。有研究表明，将劳动者分为管理者、专业技术人员、业务人员和操作人员等不同群体，让其对薪酬、晋升、稳定、成就等指标项进行重要度排序，除专业技术人员外，其他不同群体的劳动者均将薪酬列为最重要的指标。薪酬的这种保障和激励作用在以人民为中心的语境下均被人格尊严的认可、人生价值的实现而强化。当代的劳动者在解决了温饱问题，过上衣食无忧的生活后，开始更多地追求精神世界的满足和提升。公正的薪酬分配，对于当代劳动者而言并不是金钱数量的多少，而是自身价值的体现，这种被认可的满足感远远超过金钱带来的刺激。

从马洛斯的经典需求理论中可以获知，人的需求一共分为五个层次，分别是生理需求、安全需求、被爱的需求、尊重的需求以及自我价值实现的需求。这五种需求从低到高排列，每一种需求在获得满足之后就会去追求后一种更高层次的满足。当今我国的薪酬分配体系已经解决了绝大多数劳动者的生理需求和安全需求，自然会转而追求人格尊严的认可和自我价值的实现。基于此，作为对以人民为中心的回应，新时代对薪酬分配公正的法律实现提出了更新的要求。

二、得所应得的强化

西塞罗认为："公正就是使每个人获得其应得的东西的人类精神。"[①] 如果一个人可以获得其原本就应该得到的东西就是正义，反之，其获得了

---

① ［美］E·博登海默：《法理学：法律哲学与法律方法》，邓正来译，中国政法大学出版社2004年版，第264页。

不应得的东西，就是非正义的。"应得"的含义随着时代的进步而变化，当今社会的"应得"就是指按劳动或者按贡献得到所应得的东西。当社会成员能够按照社会贡献而获得相应的社会资源，这种社会资源的分配就是公正的。当劳动者能够按照其所付出的劳动而获得相应的薪酬，这种薪酬分配就是公正的。公正的薪酬分配要求劳动者获得的薪酬与自身付出的劳动成正比，而不是取决于劳动者的社会地位、家庭背景等外界的因素。

得所应得的薪酬分配可以极大提升劳动者的积极性和全社会的创造力。作为劳动者，无论从事体力劳动或脑力劳动，得所应得可以确保每个参与者劳有所得、多劳多得，其积极性和创造性将会得到充分的发挥和调动。不仅使劳动者获益，亦会使经济体受益。它们通过创造和奋斗，可以获得更多的社会资源，创造出更丰厚的社会价值，收获更完美的社会评价，为其后续的发展创造更有利的条件，这就实现了市场经济条件下的良性循环。

得所应得的薪酬分配可以使各生产要素得到优化组合。各生产要素之间均衡占有剩余价值是分配公正的判断标准，而得所应得的分配可以促进优质生产要素的聚集和融合。最重要的生产要素是劳动力和资本，我国已多次提出要增加劳动力要素在价值分配中的比重，提高劳动者的收入，这正是对得所应得的政策法律回应。拥有专业技术和知识的劳动力被称之为"人才"，市场经济体制下的竞争，很大程度上就是人才的竞争。为了吸引、留住人才，最大限度地激发其潜力，我国分配方式越来越走向"得所应得"，确保具有竞争力的人才，通过贡献的多少，可以获得比普通劳动者更高的薪酬和社会认可。得所应得的薪酬分配方式被逐渐认可，证明了社会已经接受了因劳动和贡献不同而引发的薪酬差距，这是对尊重劳动、尊重人才的广泛认可，这种社会氛围会使优质劳动力要素聚集并发挥作用。资本的汇集同样如此，资本运行的原始动力是利润，对得所应得的认可就是对适度分配差距的认可，资本向高效、高能、高收入的行业和经济体汇集，可以使资本得到高于平均利润的收益，创造更多的剩余价值，最终带动社会整体的生产力大幅提高。

得所应得的理念与当今中国倡导的共享理念有相通之处。共享理念的提出可追溯到恩格斯的《共产主义原理》。恩格斯指出：社会所有成员共同组成的联合体有计划地利用生产力，将生产发展至能够满足所有人需求的规模，告别以牺牲一部分人的利益来满足另一部分人的需求的情况，这即是共享主义。我国的共享理念始于党的十八届五中全会提出的"创新、协调、绿色、开放、共享"。何为共享，笔者认为就是全体人民共享社会发展成果、全体人民得其所应得。在薪酬分配领域中则表现为劳动者和用人单位共享其发展成果，在利润中各自得所应得，用人单位的发展与劳动者的成长相互依存，用人单位的可持续发展能够将各方利益有效结合，不断做大做强"蛋糕"，让劳动者共享用人单位的发展成果、薪酬提升。这种薪酬提升是结果公正和实质公正。所谓实质公正，强调的是在薪酬分配中实行有差别的公正，即得所应得。在劳动法体系中，对弱者权利予以倾斜性配置就是在倡导实质公正，直接对弱者的生存利益给予保护，对平等主体之间不平等的经济关系和利益关系进行矫正。

三、差别原则的考量

罗尔斯在《正义论》中提出了差别理论，即"社会资源的安排要有利于社会之最不利成员的最大利益"[1]。公正的薪酬分配不是要求每一位劳动者的薪酬完全相同，无差别的薪酬在任何用人单位都无法实现，也是不公正的。公正的薪酬分配是在分配过程中最大限度地满足劳动者个体的不同需求，且有利于全体劳动者中最不利成员的最大利益。任何一个社会都无法实现一种完全平等的社会分配制度，且劳动者自身差别斐然，薪酬分配又受国家体制、历史条件、经济状况等因素的影响，因而在薪酬分配中运用差别理论十分必要。该理论要求社会更多地关注弱势群体，并给予其更有力的保护，这与劳动法的立法理念完全契合，且符合我国构建和谐社会

---

[1] [美]罗尔斯：《正义论》，何怀宏等译，中国政法大学出版社1988年版，第2页。

第一章　薪酬分配公正及其法律实现的理论阐述

的基本国情和目标。

薪酬分配需首先保障劳动者的基本生活需要，而后应做到按劳分配、得所应得，但是这并不意味着实现了薪酬分配的公正，因为劳动者之间存在先天条件和后天努力的差别。保障劳动者基本生活需要满足了劳动者作为人最根本的权利，为其提供最基础的生存条件，而按劳分配、得所应得可以调动劳动者的积极性，通过劳动实现自身价值。但是劳动者彼此之间存在着一定差异，智力因素、家庭背景、受教育程度都会成为个人的优势或劣势，基于这些优势或劣势进行的薪酬分配必定存在不公正。这种不公正只要限定在一定范围之内是允许存在的，并不影响整体薪酬分配的公正。一定的薪酬差别可以提高劳动者的创造积极性，激发良性竞争，促进社会生产，但是一旦这种差别超出了合理的范围，将引起社会矛盾，阻碍社会发展。过大的薪酬差距会损害低收入劳动者的劳动积极性，减弱其消费能力，增加其对社会的不满。如不加以控制，会导致低收入劳动者和高收入劳动者之间的利益冲突，社会阶层的相对固化甚至会引发阶级矛盾，影响社会和谐稳定。不合理的薪酬差距对低收入劳动者伤害巨大，长期处于底层，缺少改善状况的手段和途径，使其生活窘迫、压力巨大，甚至造成价值观、人生观的扭曲，所以必须基于差别原则审视薪酬差距问题。

审视薪酬差距并不是要提倡平均主义。平均主义在我国计划经济时代占有绝对统治地位。改革开放初期，允许一部分人先富起来的政策受到很多人的质疑，就是受到了平均主义思想的禁锢。通过合法手段付出劳动，获得比同时期多数人更多的薪酬是市场经济的要求，国家只是给予一些政策上的支持和倾斜，并未损害多数人的利益。这种拉开差距、肯定付出的薪酬分配方式是合理的、公正的，有利于生产力的提高和社会财富的产出。审视薪酬差距并不影响共同富裕的最终实现。共同富裕是社会主义的终极目标，但目标的实现需要漫长的过程，在此过程中，鼓励并允许一部分人先富起来，以先富带后富，最终实现共同富裕。随着我国市场经济的发展，地区、行业之间的差异越来越大，不同地区、不同行业劳动者的薪酬水平差距也越来越大，先富起来的人群不断扩大，产生正面的激励和示范效应。同时国家政策对弱势群体的倾斜保护和帮扶力度也更加显著，个人和政府共同努力，积极带动后富的局面已经形成。可见，在共同富裕过程中适当的薪酬差距必不可少，这正是基于差别原则的考量。

差别理论对于薪酬分配公正的实现起到两个方面的推动作用：一方面要求充分保障劳动者的最低工资，满足劳动者及其家属的基本生活需求，确保其生存权不被侵害；另一方面则要求对资强劳弱格局下劳资利益博弈的不平等现状进行矫正，提高劳方的整体地位。

四、现实国情的呼唤

人的一生基本可以划分为三个阶段：受教育时期、自主劳动时期和退休养老时期。受教育时期属于被抚养阶段，不具备自食其力的能力，但是在为进入社会成为一名合格的劳动者打基础。自主劳动时期就是指人作为一个社会人，参与各种社会活动，通过自己的劳动获得物质与精神的回报和满足。退休养老时期指劳动者达到一定的年龄，可以不再为社会提供劳动，进入安享晚年的阶段。一种完备的社会制度，不仅可以使人们在自主劳动时期获得充足的劳动回报、物质和精神层面的双向充盈，也意味着人生的三个时期都能够获得稳定、充足而安全的经济保障。[1]我们的小康社会就是通过各种社会制度保障，使人们的获得感、幸福感、安全感更加充实、更有保障、更可持续。[2]比较而言，自主劳动时期的稳定丰厚的薪酬收入是关键和重中之重。

我国正在进行的全面深化改革在新时期被赋予了新的使命和任务。"内循环"的概念被提出，一种以国内循环为主、国内外相互促进的双循环经济发展格局正在形成。2020年全球经济萎靡不振，我国对外贸易大幅

---

[1] 冯彦君、王琼：《中国退休制度整体改革势在必行》，《东北师范大学学报》2021年第3期。

[2] 习近平：《决胜全面小康社会 夺取新时代中国特色社会主义伟大胜利——在中国共产党第十九次全国代表大会上的报告》，人民出版社2017年版，第45页。

第一章 薪酬分配公正及其法律实现的理论阐述

萎缩,造成这一局面的原因是新冠病毒感染疫情对全世界的影响。在国际上,我国除了要应对疫情的冲击,还要面对以美国为首的一些西方国家的经济封锁和制裁。在国内,即使复工复产之后,依然有大量劳动者失业,原因在于大量低端加工制造业的海外订单被取消。出于这些原因,发展内循环经济势在必行。我国基本具备实现内循环经济的条件。目前我国工业系统可以覆盖现有现代工业分类体系中的39个大类、191个中类和525个小类,是全世界拥有最完整工业体系的国家之一。我国人口14亿,适龄劳动人口89640万人,占总人口比重的64%,充沛的劳动力资源为完整庞大的工业体系提供了强有力的支撑。内循环经济的概念并不是为了应对新冠病毒感染疫情和中美关系恶化而提出的,2013年我国开始进入中国经济的新常态,2015年我国提出供给侧结构性改革,扩大内需均被置于重要位置。内循环经济只是在当今这一特殊的时期对扩大内需进行了着重强调。

对于一个国家经济发展而言,投资、出口、消费分别是最为重要的"三驾马车"。2019年,这三驾马车均为推动整体经济发展交出了令人满意的成绩单,对我国的经济贡献率分别为投资占经济增长的11%,出口占31.2%,消费占57.8%。[①]可见,消费这辆马车的动力最强劲,所以在建立内循环经济的背景下,我国必须着力拉动内需,促进消费。中国人的消费观念相对保守,不完备的社会保障体系成为阻碍消费的所谓"后顾之忧",促进消费就是让民众有钱花,且想花钱、敢花钱。一个还没有解决温饱问题的劳动者不会成为奢侈品的消费者,扩大内需、促进消费的核心问题是提高民众的消费能力,而消费能力的高低直接取决于居民收入的多少。

提高劳动力要素的分配比重、建立薪酬有效增长机制、加大对弱势群体的法律救助,这一系列举措都是在促进劳动者薪酬分配公正的实现,而公正的薪酬分配体系可以提升劳动者的消费欲望和能力,拉动内需,使内

---

① 数据参见:https://baijiahao.baidu.com/s?id=1674249359342869873,最后访问日期:2021年3月6日。

循环经济得以实现。由此可见，当代中国内循环经济的建立，是危机也是挑战。危机在于对薪酬分配的公正提出了更高的要求，现存的薪酬分配不公问题已成为经济发展的阻碍；机遇在于薪酬分配公正已经成为我国深化改革、强化内循环经济的必然要求，稳定、公正的薪酬分配体系的确立成为社会各界关注的热点，也是政府必须解决的民生法律保障的题中之义。

第四节　中国传统分配公正理论的历史演进

一、传统分配公正思想的演进

中国古代先贤们对分配正义进行了长时间的研究，但没有专门论述有关分配公正的思想的著作，不同历史时期的观点也各不相同。

（一）墨家的分配公正

墨家思想与西方实用主义思想有着较大的相似之处，所以也被一些学者认为是具有功利主义思想的流派。首先，墨家思想对"利"这一概念给出了详尽的解释，并且在分配公正方面得出了宝贵的思想成果。首先，墨家关注生产劳动，指出应当以劳动与贡献为基础制定收入与奖励。这一思想与"按劳分配"的观念不谋而合。墨家主张节俭，这一理念也尤为适应环境危机逐步加重的现代社会。其次，墨家主张坚持社会互助，实现财富分配公正，如"兼相爱，交相利"[①]，实行"余财相分"，积极帮助别人做贤人才能保持社会安定。墨家思想是将分配与生产相结合，表明了物质分配的科学与公正。再次，墨家从税收分配的角度倡导了"薄贫厚富"，改变了以往根据正常税率征收税费的形式，彰显分配的公正性，具有分配公正价值。最后，墨家主张"关市之征"，提出向直接影响国民生活的盐、铁等行业的从业者征收高额税费，减小不同阶层的收入差距，这一举措的提出进一步维护了分配的公正。墨家

---

① 中华经典藏书《墨子·兼爱下》，中华书局出版社2016年版，第9页。

思想重视底层民众的根本利益，然而直接提高对富有阶层税费的征收标准的做法值得进一步考量与思考。

（二）道家的分配公正

道家认为平均分配是天道固有之规律，不受人为的约束和改变。道家主张损有余以补不足，认为要顺应自然、无为而治。道家提倡起点上的正义，主张每个人都能同等获得国家的土地或其他生活资料，以此来缓和社会矛盾，这一观点有利于解决当时社会上的土地兼并问题，保障弱势群体的最低生活水平。道家主张君主应具备道德修养、统治者应采取清心寡欲的做法和限制富者的办法来实现天下大治。与此同时，道家希望人们无欲无求、不争不斗，虽然在当时的社会背景下，这种空想体系无法落实到实践之中，不过作为其核心思想的"道法自然"却对后世乃至今日有着极其深远的影响。

（三）法家的分配公正

法家从人性的角度出发，认为天下熙熙皆为利来，人们总是在追求个人利益。因此法家主张的分配政策总是有"与民争利"的特点，其核心目的是保证国家整体的富强。法家的观点可以被概括为"国强民弱"，希望将人民以获取利益为目的而开展的活动纳入国家利益范围之内。制定"驱民于农"的农战方案，法家农战政策实施的目的在于增强国家实力和壮大军队力量。大力推行国家管控社会资源的财税制度和"訾粟而税"[①]的税收政策，按照土地产量确定固定数额的土地租赁费用，但在此过程中农民并没有任何受益，从某种程度上讲，农民成了法家思想的受害者。

（四）先秦儒家的分配公正

儒家思想里体现的"分"是等级的区分，即为贫富均平，主张在"礼"的制度下获得与身份地位相配的分配。儒家提出的"不患寡而患不

[①] 阚迪、陈凡：《先秦墨家、法家功利主义技术思想之比较研究》，《自认辩证法通讯》2020年第9期，90页。

均"充分表现出老百姓的心理状态。若社会生产旨在追求社会和谐,那分配的均衡将是维护社会稳定的重要方式。所以,"分"是"均"的核心。儒家制定的分配机制主要包括三个部分:其一生产与生活资料的初次分配需要科学的分配基数,满足百姓的分配基数,遵守礼义制度,维护基本礼仪制度运行;其二再次分配要明确国家和庶民间的合理比重,使民众充足,"藏富于民",保持社会的稳定秩序;其三国家采取措施救助生活困苦的人,形成长效机制。儒家思想在当时就意识到了分配不公会引起民众不满,影响社会的稳定,甚至会威胁到统治阶级的地位,并提出了相应的解决办法。儒家的分配公正思想虽然存在着为封建统治者服务的因素,但价值观依然值得批判继承。

(五)汉代儒家的分配公正

汉朝的儒家思想以董仲舒为代表,提出了"天下十、天子一;农耕,农得"的思想,这种政策使社会迅速走出秦朝暴政的阴影,使民众休养生息、使经济得以复苏,这是公平分配的原型理念。董仲舒认为一个国家只有保证财富的平均分配才能保证社会和谐且不断发展,因为其认为贫富不均会造成社会的不稳定。[1]董仲舒的思想具有差等性质,要用制度限制民众的欲望,做到富人不骄、穷人不忧,通过政策使贫富差距被控制在合理的范围内。董仲舒认为统治者要管控各个阶层所掌握的土地数量,同时以相应制度作为保障,比如礼节教化对民众的影响。这种"调均"的方式在当今社会依然有借鉴作用,我国现今的税收政策和房地产调控政策都可以视为"调均"理念的现代应用。

二、对当代中国的启示

当代中国正处于经济大变革时代,分配正义成为一个严峻的社会问

---

[1] 郑显文、王蕾:《汉代私有财产权制度的历史演变及法律保护》,《东岳论坛》2020年第1期,第50页。

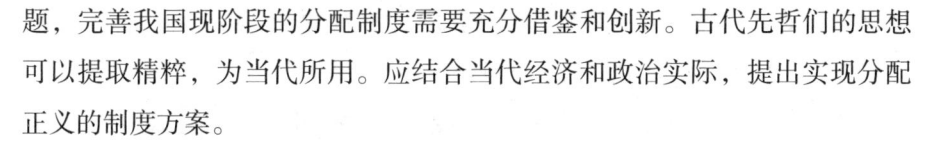

题，完善我国现阶段的分配制度需要充分借鉴和创新。古代先哲们的思想可以提取精粹，为当代所用。应结合当代经济和政治实际，提出实现分配正义的制度方案。

（一）弘扬公正理念是当代中国核心价值观的应有之义

在现代社会，随着经济发展速度越来越快，社会公正的重要性也随之凸显。当代各种各样的社会问题以及不公正的现象都在反复告诫人们正义与公平的重要性。对于政府而言，如何维护基于绝大多数人的合理科学的分配方式，如何为社会打造更加公正的风气，就显得愈发关键。公正自古以来就是中国价值观中的重要组成部分，创建一个符合现阶段国情、符合民众需求的社会公正语境，必须将中国传统的公正理念与当今社会现状相结合，对社会现状进行深刻而透彻的分析，对于资源分配不公正、经济发展不平衡等问题加以重视，并通过各种手段营造公正的社会氛围。目前，要始终坚持按劳分配为主体，多种分配方式并存的分配政策，构建科学的分配制度，为营造良好的法律环境给予保障，对分配制度的各个环节进行系统设计，最终实现分配公正。

（二）树立正确的劳动公正价值观

无论是发达国家还是发展中国家，劳动始终都是人们谋生的重要手段，人们通过劳动获得报酬，使自身的生活得到保障、自身的价值得以实现。[1]在我国，按劳分配的观念随着市场经济的发展已经深入人心，按劳分配是按付出劳动的多少获得报酬，这里蕴含着"得所应得"的基本理念。劳动形式、劳动时间、劳动环境等都可以成为是否按劳分配的判断标准，这些标准必须符合劳动者内在的道德价值。对于社会主义国家来说，生产资料归全体人民共有，劳动的同一性使得全社会不断追求劳动与劳动之间、劳动者与劳动者之间的公平，而这并非绝对公平，因为不同劳动者之间、不同劳动之间均具有差别性。如果无视这种差别，而追求一味的公平

---

[1] 田海舰：《马克思劳动伦理思想研究的哲学视角新探——读〈马克思劳动伦理思想的哲学研究〉》，《道德与文明》2017年第3期，第160页。

将会使劳动者丧失劳动的积极性。换言之，不考虑现实状况而一味追求绝对的公平，并非公众心中正确的价值判断。

社会生活和传统文化为价值判断提供了现实根据，假设缺少价值判断，小到每个个体将无法知晓公平正义，大到一个国家将无法制定出维护公平正义的政策。关于薪酬分配公正的价值判断可以衍生出促进公正的方式。[①]首先，保障劳动者的劳动权益，使每个社会成员都能拥有一份满意的、能够发挥自身价值的工作是一个国家保证经济增长和社会稳定的重要手段，保障了劳动者的就业权就是保障了劳动者的劳动权益。其次，不断缩小薪酬差距，扩大劳动者在用人单位剩余价值中的分配比重是行之有效的方式之一，而这也正是使劳动力要素创造更多价值的基础。必须借助多样化的形式，使劳动力要素在初次分配中的比重稳步提升，可以借助奖金、福利和补贴等形式优化薪酬分配，同时采取引导劳动者购买所在单位的股票等形式，使劳动者的薪酬与用人单位的经济效益挂钩，并呈正相关。

（三）用制度保障生产要素分配符合公正的原则

生产要素是所有生产生活进行的前提，如果没有各生产要素的相互配合，整个生产活动就无从谈起。正是由于生产要素的这一特点，使它成为薪酬分配公正所必须解决的问题。维护薪酬分配公正就意味着各生产要素的分配要遵循公正原则。首先，进一步完善市场经济体制，维护公平竞争。20世纪70年代末中国政府推行改革开放，对中国的经济体制进行改革。民众依靠市场这个平台，在激烈的竞争中赚取利益，保障生活，与此同时，政府逐渐明确了自己在市场中的角色，避免过多干预市场的行为出现，将市场调配资源的能力发挥到极限。其次，优化政府职能，创新管理办法，明确管理思路，政府可以利用货币金融手段助力市场发展，同时为市场提供保障。坚决打击违法犯罪，取缔灰色收入，为市场营造良好氛围。

---

① 张洪武、张敬芳：《论社会整体视角下的分配正义》，《长白学刊》2020年第11期，第39页。

（四）完善补偿制度进而体现需要原则

人与人之间天生具有的差异性是后天出现不平等现象的主要原因，从社会个体的角度看，个体的成长与发展离不开劳动收入和社会经济福利，而社会保障对于天生存在缺陷、身负重担的个体来说，有着十分重要的意义和价值。如何构建完善的、科学的、合理的社会保障制度，首先要帮助失业人员培训生存技能。对于劳动者而言，就业是唯一获得劳动报酬的途径，失业人员往往年龄过大、技术单一，导致其无法获得劳动岗位或者足以维持生存的薪酬。应该开展再就业培训，让失业者掌握新的技术。其次要创建完善的养老机制以及医疗体系。当今社会老龄化问题严重，大多数中国家庭中的中年人都要抚养四个老人和一到两个孩子，其总体负担较大，建立完善的养老和医疗体系，可以减轻这部分社会成员的家庭负担，同时也是社会资源再分配的一种方式。

第二章 劳动者薪酬分配公正的评判标准

第一节 经济学的评判标准

一、基尼系数

在20世纪20年代初，意大利经济学家基尼对如何表示国家的收入差异展开研究，他以洛伦茨曲线（图2.1）为基础，假设实际收入曲线上、绝对平均线下的面积为A；实际收入曲线下方的空间为B。以A除以A+B的商表示不平等程度，所得数值被称为"基尼系数"或称"洛伦茨系数"。如果A为零，基尼系数为零，表示收入分配完全平等；如果B为零，则系数为1，收入分配绝对不平等，该系数可在0和1间取任何值。如果居民的收入不平等，则该曲线的弧度会增大，基尼系数会随之增加。如果政府制定相关的政策，运用多种手段调整A或者B的值，基尼系数将会有所降低。

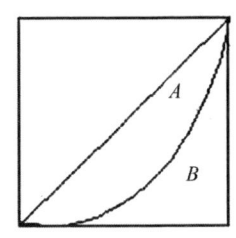

图2.1 洛伦茨曲线

基尼系数的计算公式为：

$$G=\sum_{i=1}^{n} X_i Y_i + 2\sum_{i=1}^{n} X_i(1-V_i) - 1$$

在该公式中，X的含义是每个小组中人口的占比，Y的含义是每个小组的收入占比，V的含义是每个小组总收入的占比，$i=1, 2, 3, \cdots, n$，n代表分组的组数。

很多经济学家借助"基尼系数"来阐释某个国家的经济情况与社会资源的分配状况。[①]通常情况下，如果这个数值小于0.2，则表示居民的收入绝对平均；如果这个数值在0.2～0.3之间，则表示居民的收入比较平均；如果这个数值在0.3～0.4之间，则表示居民的收入相对平均；如果这个数值在0.4～0.5之间，则表示居民的收入有较大差距；如果这个数值大于0.5，则表示居民的收入悬殊。这个指数在大于0小于1的范围内，随着数字的提升，表明在这个社会上财富分配不平均的情况逐渐明显。各个国家通常将0.4作为分配是否合理的临界线。纵观国际，各个发达资本主义国家的基尼系数基本处于0.3～0.4之间，美国的基尼系数为0.48，比我国还要高出0.01。

基尼系数常常被用来计算国家、行业的收入是否平均。该指数的优点是可以通过简单的数字表达出一个国家、一个地区或者一个行业的整体收入分配情况，但是该系数也只能抽象展现分配差距，具体的差异信息却不能充分表达出来。

在某个特定的时期内，一个国家基尼系数的整体情况可以直接体现出该国家居民收入分配情况。一旦数字大于0.4，可以视为给执政者的直接警告，该国的收入分配已经暴露出问题。所以，对于政府而言，将基尼系数控制在合理范围之内至关重要，与此同时政府应该对基尼系数背后的意义进行分析，了解本国深层次问题并调整国家的大政方针，改善收入差距过大的局面。

基尼系数对评判劳动者薪酬公正与否也具有一定的适用价值，当然，薪酬只是收入或分配的一部分，而不是全部，所以这种评判标准只是一种辅助和参考的意义，并不能作为绝对的依据或者唯一的评判依据。

---

① 廖建桥、张凌、刘智强：《基尼系数与企业内部薪酬分配合理性研究》，《中国工业经济》2006年第2期，第98页。

二、要素价格理论

瑞典的著名学者俄林、赫克歇尔提出了"要素条件"。当国家经济较为繁荣时，各个生产要素都比较富足，其价格就会降低，反之亦然。当生产要素流入市场被自由买卖时，就会形成与其自身相对应的市场价格，常见的生产要素分为三类：土地要素、资本要素、劳动力要素。对于生产要素而言，其价格的产生与上下浮动有两重含义：第一，生产要素进入市场，已经成为市场商品的一种，因此其价格的提升或下降与普通商品并无二致；第二，生产要素是可以直接投入生产的特殊物品，其价格的形成有其自身特点。[1]随着理论的发展，要素价格均等化的观点出现，世界上生产要素的价格将会伴随着国际贸易的发展而越来越平均，最后达到一致。萨缪尔森以此为基础，对其作了进一步的阐释，他认为随着全球化的发展，各种生产要素在各个国家间的相对价格以及绝对价格将会逐渐趋同。

社会成员为社会提供生产要素的质量和数量都直接影响着自身收入的高低，提供的要素越重要、数量越多则获得收入就越高。将各生产要素进行分类即可得到相应的要素价格，比如劳动力、资本资产、土地、企业管理等的分类即对应着薪酬、利息、地租、利润等价格。因此，要素价格理论是收入分配理论的重要组成部分，各生产要素在参与社会价值分配的过程中所占比重的多少，尤其是处于弱势地位的劳动力要素的占比，直接关系到劳动者薪酬分配的公正。劳动力要素占比过低会导致劳动者薪酬偏低且增长速度缓慢，劳动者没有得到其付出劳动后应得的回报。我国现阶段绝大多数劳动者对于薪酬的最大感受是薪酬的增长远远慢于物价的提高，劳动者无法分享到社会经济发展所带来的成果和红利，这就是劳动力要素价格占比过低的结果。基于此，劳动力要素的价格以及在剩余价值分配中的占比也是判断劳动者薪酬分配公正与否的重要标准之一，应该引起广泛的关注。

---

[1] 张作云：《评西方收入分配理论》，《高校理论战线》2001年第12期，第54页。

第二节　法学的评判维度

一、劳动报酬请求权的实现程度

所谓的"请求权"是指权利主体能够请求他人为该请求做出反应的权利。劳动报酬请求权是一种债权请求权，其体现的是劳动者可以要求用人单位根据相关法律法规支付劳动报酬的权利，该项权利拥有自身的特点：第一是主体性特点，劳动报酬权的权利主体为劳动者，义务主体为用人单位；第二是劳动者报酬请求权和劳动给付义务是不完全对应的，两者之间有对应性和交换性，但在某些特殊情况下，没有付出劳动的劳动者同样也可享受劳动报酬请求权；第三是劳动报酬请求权转让会受到极为严格的限制。在请求权中有一个分支——债权请求权，该权利自身具有经济价值，可以独立存在并予以其转让的权利。[①]但是，劳动报酬权体现的不是一般的经济利益，而是劳动者的生存利益，为了保障劳动者的生活不受影响，法律严格限制劳动报酬请求权的转让，虽已转让也不发生法律效力。[②]

通常情况下，将劳动报酬请求权分为三大类：第一，普通的请求权，劳动者主动提供劳动，享受用人单位发放劳动薪酬的权利；第二，续付报酬请求权，在此期间内劳动者没有提供劳务，但用人单位仍继续支付薪酬；第三，如果劳动合同遭到违约，那么劳动者有要求其赔偿自身合法权益的权利，劳动者不仅应该得到其应得的薪酬，还应该得到该薪酬的衍生利息。综合国内外相关文献，对劳动报酬请求权的定义，较为一致的观点是，劳动者按照与用人单位约定或者法定的方式完成劳动后，享有用人单位通过按劳分配原则支付足额报酬的权利。[③]

劳动报酬请求权直接关系到劳动者薪酬分配的公正问题，请求权行使

---

① ［德］卡尔·拉伦兹：《德国民法通论》，王晓晔等译，法律出版社2003年版，第325页。
② 冯彦君：《劳动法学》，吉林大学出版社1999年版，第194页。
③ 王全兴：《劳动法》，法制出版社2004年版，第234页。

和实现的程度越高,得到的保障就越强,劳动者关于薪酬分配的诉求会较大程度地得到支持和满足,这会大大提升劳动者对于薪酬分配公正的心理感受。所以,劳动者薪酬分配公正的实现,必须确保劳动报酬请求权的有效运行和充分实现。

二、同工同酬的实现程度

所谓"同工同酬",是指用人单位在组织生产、发放薪酬的过程中,应当按照"相同的工作、相同工作强度、相同必要时间、相同工作业绩、相同薪酬"的方式支付劳动者薪酬。这一概念主要体现出两个原则,其一是按劳分配原则,同样价值的劳动下应该给予同样的薪酬;其二是公平原则,即防止劳动者受到歧视,而这种歧视是完全与工作无关的,包括个体差异、身份性质等。因此,同工同酬需要具备以下几个条件:第一,实行"同工"的劳动者,其工作岗位和工作内容需要是相同的;第二,在岗位和内容一样的基础上,其付出的劳动也应该是相同的;第三,工作中的产出必须相同,也就是做出的贡献、创造的价值要与他人保持一致。对于劳务派遣这种用工形式来说,一般认为被派遣劳动者应当享受与用人单位同类工作的其他劳动者相同的劳动待遇,但是如果其从事的工作在用人单位内部没有"同工"岗位,那么该被派遣劳动者的待遇应当和当地的其他单位相同岗位的劳动者待遇一致。目前,我国存在很多同工不同酬的现象,尤其是在劳务派遣用工形式中最为常见。学界关于同工同酬这一概念的认知已经基本没有异议。不过,众多学者针对其法理意义依然有所争论,部分学者认为同工同酬的分配要求属于法律原则,也有的学者认为在劳务派遣中做到同工同酬至关重要,它是一条法律规则,是派遣劳动者在劳务派遣中的一项法定权利。[1]

---

[1] 王全兴、杨浩楠:《试论劳务派遣中的同工同酬——兼评〈2012年劳动合同法修正案〉》,《苏州大学学报》2013年第3期,第61页。

针对同工的界定，在《中华人民共和国劳动法》（简称《劳动法》）中将其解释为劳动者参与相同的劳动获得相同的劳动报酬，而《中华人民共和国劳动合同法》（简称《劳动合同法》）中将其解释为"本单位同类岗位"或"用人单位所在地相同或者相近岗位"。相比之下明显可见，《劳动合同法》界定"同工"的标准更具有可操作性，在司法实践中更容易作出判断。

我国对职业类型的划分是由国家统一规定的，但是各用人单位可以根据自身的情况和需求设置不同的岗位，提出不同的岗位职责和要求。判断两个劳动者是否属于同工，需要建立一套规范化的标准。一是在判断是否属于同工关系的时候，应根据劳动者的个人素质、工作质量、工作业绩等多角度考量。不能仅仅判断岗位的功能和性质，还要将工作的复杂程度和对劳动者技能的要求考虑进去；二是界定"本单位同工"和"单位所在地同工"应以工作内容为基础，不能仅依靠岗位名称和性质做出简单判断。

关于同工同酬中的"酬"，简单的理解就是劳动的酬劳，劳动者付出劳动应该获得用人单位提供的等价的酬劳。前文已经提到，当代劳动者的薪酬组成已经不是单一的货币薪酬，还包括福利、奖金、各种保险、股票等。同工同酬中的"酬"是否应当包括除薪酬之外的其他福利、奖金、保险等，需要进一步探讨。当然，我国目前在个别劳动领域，连最基础的相同劳动相同薪酬都还没有达到，还无法上升到除货币薪酬之外的更高层次的"同酬"追求。可见，同工同酬在我国任重而道远。考虑到合理避税等因素，在我国现阶段劳动者的薪酬经常被变相发放，比如将薪酬的一部分以福利形式发放，将住房公积金、各种保险按照最高比例缴纳，无形中增加了"同酬"的判断难度。从倾斜保护劳动者角度出发，应该以广义上界定"同酬"，应加入福利、奖金、保险等非货币薪酬，否则会损害劳动者利益。

三、劳动薪酬集体协商的实现程度

在20世纪80年代初，国际劳工组织制定了《促进集体谈判公约》，在这项公约中明确规定了集体协商是雇佣组织和工人组织之间展开谈判的主要方式，通过谈判确定劳动者在劳动的过程中应身处何种工作条件、获得何种报酬、雇主和雇佣工人的关系以及如何调整二者之间的关系。这种形式可以将劳动者团结在一起，与雇主进行集体协商，从而对劳动者的工作环境、时间、薪酬等加以优化、调整，还能够调整雇佣者与被雇佣者之间的关系，从而避免冲突的产生。也正因如此，美国以及欧洲的发达国家尤其重视集体协商，其被视为民主社会中保障劳动者权益的重要手段、处理劳资关系的高效办法等。[1]集体协商权的实现程度取决于三个因素：一是劳动契约自由的存在；二是国家立法为集体协商提供更多的空间；三是工会组织在法律地位上的独立，并拥有必要的压力手段（如罢工）。[2]

劳动薪酬集体协商是劳动者通过工会就薪酬问题与用人单位进行谈判的一种基本方式。工会在谈判过程中要不断与用人单位进行博弈。个别劳动者的力量太弱，这就需要维护劳动者权益的工会组织出面。工会的维权能力更强，可以在谈判中处于和用人单位相对平等的地位，能够更好地反映劳动者的薪酬诉求，并取得相对来说对劳动者有利的结果。经过工会与用人单位的多次谈判，最终就劳动者的薪酬分配达成共识，从某种意义上趋近了薪酬分配的公正诉求。我国由最低工资制度来保障劳动者的基本薪酬，最低工资由各级政府制定并受到法律保护。如果没有薪酬集体协商，用人单位更倾向于按照最低工资标准支付劳动者薪酬，这并不违法，但显然是不公正的。因为通常情况下，最低工资并不等于劳动者应得的工资，更不等于公平合理的工资。[3]基于此，通过薪酬集体协商，可以将劳动者有关薪酬的诉求集中，由工会代表劳动者与用人单位进行谈判，使劳动者可以获得更加公正合理的薪酬，这个薪酬标准应远高于最低工资标准。

雇主的经营权和雇员通过集体协商来获得体面经济生活的权利都是社

---

[1]　[美]约翰·伊特韦尔：《新帕尔格雷夫经济学大辞典（1）》，陈岱孙译，经济科学出版社1996年版，第523页。

[2]　冯彦君：《劳动权论略》，《社会科学战线》2003年第1期，第172页。

[3]　[美]哈罗德·伯曼：《美国法律讲话》，陈若桓译，三联书店1988年版，第123页。

第二章 劳动者薪酬分配公正的评判标准

会的基础。[①]和国家用法律手段规定的最低工资标准相比,薪酬集体协商具有更高的弹性,它是市场经济的必然要求,也是实现劳动者薪酬分配公正的重要手段。"这个过程不仅是'集体'的,同时必须要具有一个'谈判'过程,因为劳动者要真正参与其中,谈判不仅有出价,还要有还价,而且还要签订合同,这个合同对于雇主和雇员都会形成有效的规范。"[②]由此可见,薪酬集体协商"在本质上,仍属于私法自治之范畴"[③],是对意志自治原则的补充与发展。

劳动者薪酬集体协商是实现契约公正的最行之有效的方法,在薪酬分配环节,集体协商可以减少单个劳动者力量不足的缺陷,进一步实现劳资关系的平等和公平。马克思多次强调,资本是一种集中性的社会力量,工人只拥有劳动力,但工人的力量在于他们拥有更多的人数,所有人的力量结合起来,就是工人的社会力量。[④]共同的利益诉求可以把劳动者团结起来,并由专业人士对其进行指导,,劳动者们的人数优势才能逐渐凸显。[⑤]工会可以听取个别劳动者的诉求,将其汇总形成合议,并以此为标准与用人单位进行谈判,最终达成一致。这种协商方式能够打破劳资双方地位的不对等,保护劳动者的基本权益。

[①] Fred Witney and Benjamin J, Taylor, Labour Relation Law, Endlewood cliffs, New Jerssey: Prentice Hall, 1996, at319.

[②] [美]丹尼尔·奎因·米尔斯:《劳工关系》,李丽林、李俊霞译,机械工业出版社2000年版,第236页。

[③] 黄越钦:《劳动法新论》,中国政法大学出版社2003年版,第83页。

[④] [德]马克思、恩格斯:《马克思恩格斯全集》(16卷),人民出版社1972年版,第219页。

[⑤] [德]马克思、恩格斯:《马克思恩格斯全集》(2卷),人民出版社1972年版,第134页。

第三章 薪酬分配公正法律实现的模式借鉴

第一节 当代薪酬分配法律实现的典型模式

一、市场与政府共同作用型——瑞典

从世界范围内看,瑞典的薪酬分配差异性较小,拥有特色的、个性化的薪酬分配机制,强调分配公正。在初次分配环节,政府要发挥其宏观调控的功能,不断缩小薪酬分配的差距;再分配环节,政府借助税制改革、转移支付、社会保险等方式,不断将薪酬分配的差距控制在合理范畴内。

瑞典设计了确保薪酬分配公正实现的三个层次的机制,采取政府调控和市场自发调节的方式,在内外部形成有效控制,在市场、政府、社会的共同参与下,实现公正分配。这三个层次分别是:在初次分配环节中,市场调节能够明确不同生产要素收益,政府的调控和干预会维持劳动、资本报酬的公正合理;在二次分配环节中,发挥主导作用的是政府的干预,政府运用转移支付、税制调节等手段保障收入的合理;在第三次分配环节中,以发挥慈善和社会捐助的方式来缩小收入差距。

(一)完备的法律法规保障公正分配有序运行

瑞典法治体系比较健全,完善的法律法规能够将公民的权利与义务的内容具体化,尤其是对于劳动者就业、薪酬与福利待遇方面。同时在法律层面上明确了个人对社会的义务,保障分配的公正性。劳动者初涉劳动市场便受到《促进就业措施法》的保护,在法律的保障下不仅能及时实现就业,还能有力保障劳动合同权益。就业后也有《劳动法》保障劳动者权

利；《男女平等机会法》保障男性与女性劳动者拥有相同的待遇；《工作时间法》等一系列立法保障各个群体的各项权益，同时成立公共保险法院专门负责处理由于社会保障导致的诉讼案件，若劳动者未取得制度要求的应得福利便可以提出诉讼。法律还规定了劳动者的纳税义务，严厉制裁公民偷税漏税行为。通过各项法律规定，瑞典可以有效保护劳动者的各项合法权益，同时也规定了劳动者应尽的义务。完备健全的法律体系可以有效促进薪酬分配实现公正和良性循环。

（二）初次分配中市场机制在政府调控下发挥作用

市场会对无序的资源分配、要素价格等加以调节，并且在初次收入分配中发挥着决定性的作用。而在这一过程中，瑞典政府适当地对市场机制加以干预，通过政府调控提高了初次分配的公正性。

瑞典建立了政府调控下的分配模式，国家计划具有重要地位，政府提出指导性计划，可以更好地从经济方面实施宏观调控。政府调控与市场调节的充分结合、有效衔接较好地将瑞典的基尼系数控制在0.25左右。各生产部门之间平均薪酬相对接近，从不同职业薪酬的高低来看，最高薪酬职业是最低薪酬职业收入的3倍；从不同地区来看，经济欠发达地区的平均薪酬是发达地区的0.24倍。[①]

瑞典政府做到了以下几点：一是劳动者、资方和政府共同协商薪酬。瑞典没有最低工资制度，但是所有企业均实施薪酬协商制度，主要由政府管理者、资方和代表劳动者利益的行业协会来进行协商，内容主要包括劳动者薪酬的数量、休假方式与天数、培训福利待遇等。劳动者薪酬包括两个部分，在企业内部以劳资双方共同协商签订的劳动合同为准，政府不能直接干预；在企业外部，代表劳方利益和资方利益的协会与政府共同协商薪酬，总工会认定协商结果有效后企业必须落实且执行最终的协商结果。瑞典政府有权最终裁定薪酬协商的落实情况是否符合标准，对执行不力的企业实行处罚。二是构建多个私人性质的金融与信用制度，通过这种优惠

---

① 粟芳、魏陆：《瑞典社会保障制度》，上海人民出版社2001年版，第4页。

政策降低个体或企业的筹资难度，另外还制定了支持政策，激励企业将资金投入经济欠发达的地区，从而改善地区发展不平衡的现象。三是政府推进微观经济制度改革，如促进就业、推进和优化人口地域分布、保护环境、积极改善低收入劳动者的工作和生活条件等。

（三）运用税收、转移支付等手段进行再分配

瑞典实行累进税制，通过地方所得税和国家所得税制度共同调节税收，本国的资本所得一律实行30%的税率；每一个纳税人都拥有独立的账户，并且应以年为单位到税务部门上报自身的收入；企业以月为单位到税务部门上报职工薪酬以及纳税情况。瑞典政府间的积极财政关系促进了地区间基本公共服务均等化；以福利救济金的形式将国家税收的一半以上进行再分配，形成了科学完备的社会保障体系，保障公民可以享受到多样化的社会服务；建立社会保障金制度，以各种方式为失业者提供保证金资助。总之，瑞典完善的社会保障制度促进了收入均等化的实现，保障了社会公正。

二、市场主导型——美国

美国的法治化水平较高，针对薪酬管理建立了系统的法律制度，而美国的企业则以法律条文为基础创建了刚性的薪资系统。绝大部分企业所采取的薪酬制度为岗位等级工资制度。对于劳动者来说，企业以小时为单位进行薪酬付给，伴随着企业组织结构的扁平化，美国逐渐产生了宽带薪酬，压缩级别，促使劳动者将主要精力用于实现个人发展和能力提高，为劳动者提供了很大的薪酬上升空间，同时保持企业快速适应新的竞争环境。

美国收入分配以效率为主，在初次分配中注重市场机制主导作用；在再分配领域，政府运用行政手段的同时，更多借助市场机制进行调节；在第三次分配领域鼓励社会力量积极加入并参与到社会慈善事业中。

（一）初次分配领域发挥市场机制主导作用，政府通过反垄断等措施介入初次分配

在初次分配领域中，美国政府明确市场机制的主导地位，政府不利用公权力进行干预，通过采取最低工资保障、反垄断等手段适度介入初次分配。

第一，美国立法对垄断现象规定非常严格的惩治措施。通过立法（《谢尔曼反托拉斯法》等）和司法手段消除各种社会障碍，通过罚款、监禁、赔偿、民事制裁甚至强制解散等惩罚措施打击垄断企业，对其干扰市场正常运行的行为进行惩罚，确保市场有序有效运行。第二，美国政府通过一系列政策维护初次分配阶段的劳动者权利。统计数据表明，在初次分配阶段，劳动者收入在总数中占比75%，而资本收益在总数中占比仅为25%。[①]一是实现由对资本的偏向向对劳动力偏向的转变。政府充分认识到劳动者拉动消费的作用，从而积极提高低收入群体的薪酬，通过各种手段增加就业机会。二是将保护的重点放在人权上，美国政府强调要实现资本利益与社会利益的有效融合，积极制定维护劳动者权益的法律法规，营造良好的就业环境，优化劳动标准，维持财产权与劳动权的平衡，比如美国现行的《国家劳资关系法》明确了劳动者具备加入劳工组织的权利，共同商讨薪酬与其他个人利益；《最低工资法》明确了最低工资指标，美国劳工部工资工时处进行监管和执行，对拖欠劳动者薪酬的行为，政府要求雇主支付拖欠薪酬并追究故意拖欠薪酬的企业主的刑事责任。

（二）再分配领域发挥政府机制作用的同时借助市场力量适度调节

在再分配领域中，美国政府通过各种调控手段，同时借助市场力量进行有效的调节。首先，在税收调节方面，以个人所得税为主体、不同税种之间相互协调配合。其一，针对高收入纳税人，税法设置了具有较强针对性的征管体系，根据纳税额的增加而逐级降低分项扣除额，宽免额与纳税

[①] 数据来源：《美国——国内生产总值增长率》，载于https://zh.tradingeconomics.com/united-states/gdp-growth，最后访问日期：2021年6月1日。

人的收入呈负相关，收入越高宽免越少。其二，应缴税额度达到某一标准后，按照最高一级的边际税率进行计算。其三，对于收入水平为中等以及以下的家庭采取税收优惠政策。其四，收入调整基于公平原则，根据已有的税收政策，设计科学的监管体制与激励制度，以法律手段对偷漏税行为实行防范和惩罚，同时确保依法纳税得到丰厚回报，使每位纳税人均享受一些优惠待遇。其次，政府激励社会力量加入社会保障活动。具体来说，社会保障活动包括社会救济、社会福利以及社会保险三部分。[①]其中前两部分由联邦政府和各州政府进行投资与管理。在社会保险方面，美国政府以法律的形式强制企业雇主与雇员一同负担保险费。除此之外，美国政府为了激励更多社会力量加入社会保障活动中，还制定了保费投资收入免税等一系列政策。同时，美国政府还在教育领域扩大了投资规模。州政府实行不同学区的差别拨款补助方式，从公立小学至高中读书期间不需要缴纳学费，实行免费教育，同时政府承担公立大学主要的教育经费，确保不同地区、行业之间的教育公平性，提高公民的劳动能力，缩小收入分配差距。

（三）政府引导第三次分配，社会力量积极参与

政府在第三次分配阶段对收入差距做出了调整，在一定程度上减轻了社会矛盾，维护了社会稳定运行。政府通过税收政策手段，对收入较高的人群的资产转移加以约束，并激励富人进行财产捐赠。因为企业和个人在慈善捐助和公益事业支出的同时可以享有较好的待遇，慈善公益组织还能得到美国政府提供的直接财政资助，为富人资产转移提供了巨大空间，推动了美国第三次分配的发展。

在慈善事业方面，美国众多慈善机构建立了自我监管体系，在此基础之上，美国政府进一步构建了完善的监管机制将公共监管与行业自律相结合，促进慈善事业稳步发展。举例而言，在慈善基金会中，审计人员会首先对财务报告进行审计，并将审计后的报告上交给董事会，由董事会负责对财务报告进行检验与批准。经过批准后，报告将会面向全社会进行展示。

---

① 李超民：《美国社会保障制度研究》，上海人民出版社2009年版，第48页。

三、政府主导型——巴西

巴西政府积极调整收入分配机制，通过劳动就业、土地改革、医疗卫生等领域的相互配合，设计出一系列相关措施，缩小收入分配差距。

（一）制定积极的就业政策，大力扶持弱势群体就业

巴西政府采取积极措施发展中小企业。一是增强中小企业的生产力，联邦政府以签订合同的方式与中小企业建立联系，分批次分行业地为其提供资金及优惠信贷。金融机构也为解决中小企业的资金问题而发放低息信贷，进一步让企业扩大经营范围，吸纳更多就业人员，实际解决就业问题。二是针对手工业建立管理部门以及行业协会，对该产业的发展作出技术指导，为有关企业提供全面的市场信息。三是政府劳动部门构建人才库，建立了公共就业协会，进而为招聘者以及求职者提供高效的平台；根据不同行业建立职工培训中心，免费职业培训；重点解决首次进入劳动力市场的低学历、贫困青年的就业问题，对青年人进行职业培训和资助鼓励；向青年人提供低息创业贷款并提供经营指导和培训；支持就业市场中的弱势群体，整合社会力量建立青年就业系统。

（二）进行土地改革，加大对家庭农业的支持力度

政府坚持以市场为主导的土地分配改革，为农户创造更多的提高收入的机会，优化收入分配，保障农户粮食自给与区域经济的稳定发展。其一，政府借助土地资源，用国库券与地上附着物和设施资金的形式来收集荒地。其二，转让土地契约的同时，设置可使用面积最高为1500公顷。其三，积极引导18至28岁农民购买土地自我经营，为农户提供更大额度的土地贷款，同时减息降负，科学安置没有土地和其他收入来源的农民家庭。其四，政府在供给土地与资金的基础之上，进一步为农户供给了正常生活所必不可少的水电等设施。

（三）改革社会保障制度，提高社保体系的公平性

政府建立公私混合的社会保险模式。《预算指导法》强调各联邦、州、市政府要负担卫生费用，其中要求各联邦政府负担不低于15%的卫生经费。政府给付公立医疗机构费用，公民能够免费享受公立医疗机构的服务。政府优化公务员社保机制，平衡公务员缴费上限，根据公务员工作时间的平均薪酬明确规定公务员退休金，给予延迟退休的公务员免缴11%社保费的优惠政策。制定职业补充养老金计划，通过确定缴费数额的方式使各级政府积极参与其中。

（四）定向扶持低收入阶层

联邦政府成立社会发展与反饥饿部，建立家庭补助金计划，联邦政府根据家庭人数的差异，每月为符合规定的贫困家庭提供15至95雷亚尔不等的现金资助，政府按月定期将补助金汇入贫困家庭的银行账户里，这一举措极大地减少了地方政府贪污现象的出现，接受资助的家庭每两年以身份证明、收入证明等材料在当地政府进行登记备案。[①]

第二节 对当代中国实现劳动者薪酬分配公正的借鉴意义

一、劳动者权益的保护应与时俱进

随着全面深化改革的推进，近些年我国也在不断尝试着收入分配体制改革，针对薪酬分配差距过大等问题实施了一系列的改革措施，提高了对劳动者薪酬权益的保护水平和力度，有效缓解了薪酬差距。不过整体来看，我国的薪酬分配格局依然倾向于政府与企业，劳动者并没有充分分享到应得的利润，并没有做到生产要素按贡献合理公正地参与分配。劳动力产权缺失使得提供劳动的劳动者难以共享经济发展的成果，劳动力要素在各生产要素中的弱势地位使我国现行的薪酬集体协商制度流于形式，并未真正发挥维护劳动者基本诉求的作用，劳动者对薪酬的期待与现实的差距导致用人单位和劳动者之间的劳资关系不甚和谐。在经济社会获得显著发

[①] 参见《巴西重回联合国饥饿版图 各方助力"让新年不在饥饿中度过"》，载于http://news.jstv.com/a/20201023/1603421892183.shtml，最后访问日期：2020年10月30日。

展的新时代，劳动者对薪酬分配公正有了新的更高的要求，我国应合理借鉴国外成功的薪酬分配模式，深化改革，以制度供给和法律手段真正保护劳动者的薪酬权益。在此方面，可以借鉴美国的先进经验，在劳动法体系中明确劳动力产权的意义和价值，在资本产权和劳动力产权之间寻求稳定和平衡，在经济发展的过程中使二者有机结合、平等合作。立足于我国的现实国情和主要矛盾的变化，对国民经济收入的分配比重进行更深层次的改革，提升劳动者薪酬在分配中的比值。只有劳动者的薪酬在今后一段时期持续稳定增长，才能释放出更多消费能力，继续拉动内需，形成我国内循环经济体系，进而构建起双循环发展新格局。同时通过借鉴美国的经验，通过法律的手段，切实维护劳动者的薪酬分配公正。

从实然来看，我国现行法律对用人单位的欠薪行为可加大规制力度，规定由劳动行政部门责令支付工资报酬、经济补偿，并可以责令支付赔偿金。对于具体的支付办法，分别在《劳动合同法》第85条、《违反和解除劳动合同的经济补偿办法》第3条、《劳动保障监察条例》第26条和《违反〈中华人民共和国劳动法〉行政处罚办法》第6条作出了规定。不过整体而言，对恶意欠薪行为，我国劳动法的制裁显得弱化无力，主要采取民事制裁措施，行政制裁措施比较少。民事制裁仅包括足额返还报酬、支付经济补偿金和赔偿金。这种经济措施所起到的作用甚小，而且仅对克扣或者无故拖欠劳动者薪酬的行为予以制裁，其他行为没有相关的法律规定。对此，我国于2011年通过刑法修正案将恶意欠薪犯罪化，以"拒不支付劳动报酬罪"惩治恶意欠薪行为，有效保护劳动者薪酬分配方面的合法权益。

二、破除阻碍市场机制运行的壁垒

从西方发达国家来看，无论是美国还是瑞典，政府均通过一系列改革，以制度支持和法律保障的方式破除阻碍市场机制运行障碍，建立了相对完善的市场经济体制，在初次分配中市场这只"无形的手"发挥了决定性的作用，并非强制规定劳动者薪酬，而是通过资源分配、自由竞争等手段对薪酬分配进行引导。政府在初次分配领域介入不多，只是提供宏观政策调控。反观我国的市场经济体制，依然存在发展不健全不完善的问题，计划经济时代残留的一些问题很难得到有效解决，行业垄断、薪酬分配不公均与其相关。这些问题得不到解决，不利于市场公平竞争秩序的建立，不利于市场中的个体和组织的自由发展，还会严重激化社会矛盾，阻碍和谐社会建设。为此，新时期，我国在不断推进社会主义市场经济发展过程中，应借鉴西方发达国家的先进经验，通过法律制度不断净化市场竞争环境、完善分配机制，破除不利于市场经济发展的因素。将决定权交还给市场，通过合理地配置资源，打破垄断行业的特权，使各类组织在平等环境下展开竞争，这样才能有效缩小不同行业劳动者之间的薪酬差距。

三、市场经济条件下的政府职能归位

从发达经济体的经验来看，发展完备、健全的市场经济总要与政府的调控政策相配合。政府准确的角色定位有助于市场经济体制的发展，也有助于劳动者薪酬分配公正的实现。现阶段，我国政府所面临的问题是在市场经济体制中角色定位模糊。对此可以借鉴美国、瑞士的先进经验，实现政府的职能归位。以人为本位，建立服务型政府，以民众和社会为本位，科学定位政府角色，转变政府职能，提高公共服务的质量和水平，积极推进我国经济社会健康有序发展。从美国和瑞士的经验来看，一是政府和市场的边界要精准、明确，政府职能主要是提供公共服务。微观经济体是市场经济的主体，政府不对企业的经营加以干预，而是为企业的发展建构良性的外部条件。二是政府的执政理念明确，以公共服务型政府为出发点和落脚点，本着对公民负责的精神，提升公共服务质量。强化服务型政府在市场经济建设中的地位，以促进社会公平。三是允许公民对政府的执政业绩进行评价，两国都建立了高效、便捷的服务系统，并为公民提供了完善的评价平台。政府在收集公民的意见后对自己的工作重心进行调整，以使其符合公民的期待和诉求。

美国建立了服务型政府的行政机制,政府严格依据本国的宪法和各项法律活动,建立公开透明积极的政府监督机制,明确行政监督的原则、方式、程序、效率等,并从立法上完善政府的行政监督,为政府的各项行为提供法律依据。[1]政府工作人员则具有较高的自觉性,能够自觉履行相关法律规定的各项职责,为其自身的行为后果承担法律责任,为公民的全面发展、经济社会的高速进步提供优质、高效的公共服务。

发达经济体的政府在社会初次分配中通常的角色为发布宏观政策与指令和监督各经济体的经营行为。而在再分配领域,各国政府则建立了符合本国国情的、系统的税收政策。通过税收政策调节社会收入分配机制的方法值得我国借鉴与学习。我国可以对自身的税收机制加以反思,使其更加健全与完备,提升税收工具之于薪酬分配差距的调整功能。必须承认的是,我国以个人所得税为代表的各项征收制度,都与新时代社会发展有一定的距离,有些甚至出现税收逆向调节现象,都需要结合新时代的要求做更进一步的健全和完善。瑞典的税收制度为我国提供了以下几个层面的参考。首先,瑞典为市场经济的发展建立起了综合性的税收调节系统,采取多种类的税收调节工具,提升税收制度整体的调节能力。其次,在制定税收政策的过程中,瑞典政府把握公平原则,基于纳税人的负担能力,以合理的方式设计税收标准。最后,在全社会范围内普及纳税意识及税收知识。瑞典政府已累积原则为基础,用科学的方式规划税收。面对收入水平较低的劳动者少征或不征税,面对薪酬水平较高的劳动者多征税。建立起了具有实际可操作性的监管系统,时刻监管政府征税行为。

四、建立公平且全覆盖的社会保障体系

公平且全覆盖的社会保障体系对于薪酬分配公正的实现具有重要意义。从发达国家的经验不难看出,覆盖面广、功能健全的社会保障体系是

---

[1] 李超民:《美国社会保障制度研究》,上海人民出版社2009年版,第115页。

建设公平社会的关键推动力。从我国现行的社会保障体系看，依然存在着城乡差别、地区差别和行业差别。在调节收入分配中，社会保障体系出现了逆向调节现象。在这方面，可以借鉴国外相对成熟的经验，结合当今我国经济发展水平的现实状况，从以下几方面着手完善我国社会保障体系建设。首先，在商品市场、资本市场、劳动力市场上积极推进城乡一体化，保障城市与农村居民收入分配起点的公正性。其次，把工作重点放在提升各级政府的养老、医疗服务水平上，并且充分发挥商业保险机制对社会保障机制的辅助功能，运用多方力量对社会保障机制加以健全。我国全力破解城乡之间社会保障差别的时代难题，根据不同地区的差别，探索构建合理的农村养老保险制度，缩小政府机关、事业单位和企业三者之间的养老保险差别，使社会成员能享有同等条件和待遇水平的社会保障。

五、完善薪酬配套政策体系

从上述三国的经验可以看出，各国政府都非常关注教育机会公平的问题。就我国现实状况来看，教育公平还有很大的提升空间。由于我国区域性差异，经济社会发展的不平衡，城乡教育的经费投入和资源配置不同，我国教育存在着不公平的现象。地区间、城乡间居民的受教育机会并不均等，由此造成劳动者在工作技能与工作能力上的差异显著。深化教育制度改革是我国推行的众多改革项目中的一项重要改革。新时代要求我国在解决教育资源不平衡上下大气力，以更加有效的公共教育政策改善不同区域、不同行业间劳动者的受教育机会，进而在市场中均衡提升各行业劳动者的人力资本价值。在此方面，需要加大教育经费的投入力度，重点投向基础教育、偏远教育、农村教育，改善欠发达地区的教育条件，科学配置城乡间、区域间、学校间以及各类教育行业间的教育资源，使其逐渐实现均衡发展。可以以美国的经验为参考，重点发展职业教育，为市场提供更多的专业技术人才。同时加强劳动者的技能培训，提高劳动者的技术水平，以此提高劳动者薪酬水平。

第三章　薪酬分配公正法律实现的模式借鉴

就我国国情而言，实现劳动者薪酬分配公正，还有一项重要的措施可以完善，那就是对中小企业的扶持。确保中小企业进入良性循环发展，提供更多的就业岗位，使底层劳动者成功就业。[1]实现劳动者薪酬分配公正，健全、完善收入分配机制，提高对中小企业的关注程度，着重发挥中小企业在吸纳就业方面的优势作用，依托中小企业为社会创造更多的就业岗位和就业机会，不断拓展劳动者的就业渠道，增加劳动者的薪酬收入。

在此方面，巴西的经验也有值得借鉴之处。巴西充分认识到中小企业之于经济建设的关键作用，也深知小企业在抗风险的能力等方面均无法与大企业相比，遇到市场震动，许多中小企业都会面临着生存危机。为了帮助中小企业应对不良的外部环境，巴西政府制定了一系列的扶持政策。我国可以借鉴巴西的经验，继续扩大和巩固政府对中小企业的财政支持力度，降低融资门槛，真正做到为中小企业扶上马再送一程。我国所倡导的"大众创业、万众创新"就是要为劳动者创新、创业创造机会，给劳动者提供更加宽松的平台，积极发展中小微企业，切实做好后续服务工作，并对中小企业的收费项目进行适度减免。

劳动者薪酬分配公正问题是一个庞大复杂而意义深远的问题，我们不能仅依靠单一的政策、单一的机制去实现，应构建多元的政策、法律体系，寻求多元保障机制有效合力，共同促进薪酬分配公正的实现。

---

[1] 张明喜：《发挥市场决定性作用　提升科技金融服务能力》，《科技日报》2019年9月27日，第005版。

第四章　实现劳动者薪酬分配公正的权力保障机制

第一节　权力配置基本要义

一、权力配置原则

（一）差异补偿原则

罗尔斯的"差异原则"承认并关注"起点"的不公平，他认为在不平等的前提下应该给予最不利者最大的利益，这是一种补偿行为，可以促进公正的形成。我国现阶段正在大力发展社会主义市场经济，市场的功能越来越被重视，并确定了市场在初次分配中的重要地位，希望市场能够按照生产要素占用数量的多少和优劣来完成初次分配，通过市场把生产要素的作用最大限度地发挥出来，充分利用资源。在初次分配中，进入市场的劳动者的地位是平等的，可以利用市场机制激励不同地区和不同岗位的劳动者发挥自身优势，付出劳动并取得薪酬，获得相应的经济和社会地位。当然，劳动者的自身素质、努力程度、占有生产要素的多少都具有差异性，获得的薪酬就会出现差距。薪酬差距如果能保持在合理的范围内，就可不断激发劳动者的工作积极性和整个社会的活力，提高经济社会的效率。"合理范围的界定就是看是否符合劳动的尺度和劳动者的心理承受范围，如果符合，那么这种差距就是合理的。"[1]反之，就是不合理的。这种差距

---

[1] 尹焕三：《初次分配中效率与公平关系的扭曲与矫正》，《理论探索》2010年第4期，第63页。

第四章 实现劳动者薪酬分配公正的权力保障机制

之所以产生，其根源在于劳动者占有的生产要素不平等。一个劳动者不拥有任何劳动力要素，或者拥有的劳动力要素与其他劳动者所拥有的差异巨大，就会使公平和效率失去平衡，导致由薪酬分配不公引发的劳动者两极分化。

我国改革开放初期所倡导的一部分人先富起来，以先富带动后富的理念蕴含着深刻的差异补偿原理。在初次分配完成后，政府通过一系列途径进行二次分配，对市场竞争中的不利者进行补偿。当时个别学者认为，这种行为并非正义，这种行为对财富的创造者，即先富起来的那部分人不公平，而且容易造成政府职能错位、导致政府专权。现在来看，这种观点是错误的。首先，从我国具体国情来看，在改革开放初期允许一部分人先富起来的政策所引起的起点不公平和罗尔斯的起点不公平具有完全不同的内涵。我国所强调的起点不公平是为了更好的解决当前的社会矛盾，寻求长远的、可持续性的正义而提出的。其次，我国是社会主义国家，必须坚持集体主义的价值观，允许一部分人先富起来，只能说明这部分人更加能够把握机会，并不能说明没富起来的那部分人与其相比，存在身体或者智力上的差距。政府通过再分配政策，对先富起来的人的财富进行再分配，将他们的利益适当让渡给另一部分人，这也并没有侵犯先富起来的公民的权利。再次，通过补偿原则对没有先富裕起来的人进行权利保护和政策支持，并不是搞平均主义。政府在补偿对象和补偿程度上注重公平，又没有影响到社会效率，最终达到两部分人实现共同富裕。可见，"差异补偿原则表达的就是一种互惠的观念，它是一个互相有利的原则，虽然我们从表面看它显得相当偏爱最少受惠者。"[①]所以，该项原则可以充分地激发劳动者的创造性和积极性，尽可能地维护社会公平，确保每位劳动者都能够获得公平的对待，尤其是获得公正的薪酬，用以满足自身基本生活之需要。但差异补偿原则的有效实现需要有一种正义的程序来维护，这个程序能够正确衡量每一个参与分配的主体的行为，更好地保障和实现分配公正。

---

① 罗尔斯：《正义论》，何怀宏等译，中国社会科学出版社2009年版，第78页。

（二）程序正义原则

正义的实现过程实际上就是程序正义，每一个正义的实现都应该遵守相应的程序，是一种法律视角上的观念。[①]分配程序的合理性可以确保分配正义的过程和结果。该原则主张对通过正当途径而获得的财富和机会进行有效保护，反对非法的和不正当的获益。正义的分配需要法律的保障，市场运行必须以国家立法为基础，社会主义的市场经济也应该在法律的管控下运作。初次分配领域劳动者在遵守法律的基础上获得薪酬，再分配领域又必须坚持依法纳税。程序正义对全社会都提出了要求：政府要坚持"权为民所系"的理念，时时做到程序正义，不能为了达到某种目的而使用非法的程序，因为不正义的程序必然会导致结果的不正义。政府要自始至终保持对法律的坚守；法院也需要独立运用法律对社会正义进行维护，使其不受社会舆论和政治命令的干扰；程序正义在社会各领域的重要性不言而喻，诺奇克指出正义需要每个环节都是清白的，整个正义处于一条完整的链条，如果最初的财产获得存在瑕疵，那么即便以后所有的交易都是清白的，也不能算是正义，因为资本的原始积累就是罪恶的。我国当前分配领域最大的问题之一就是某些财产在最初获得时就缺乏法律依据，后期在资本积累的过程中又缺乏市场的充分调控和政府的有力监督，导致资本的积累并不是以一种自由竞争的方式进行，如此财富获得也失去了应有的公正性。

程序正义原则始终坚持机会平等，在分配形式上要有合理的程序。罗尔斯认为："分配正义主要通过两个原则体现出来，首要原则就是平等自由，机会平等必须优先于差别原则。"[②]只有维护劳动者平等的权利，在社会竞争中使劳动者得到同等的资源和条件，才能实现最终的分配公正。可见，只有坚持程序正义，保证分配的有序性，才能充分实现对劳动者平等权利的法律保障，使劳动者获得公正的薪酬并确保其自由发展。可以这样

---

① 赵旭东：《程序概念和标准的再认识》，《西北政法学院学报》2003年第6期，第89页。
② ［美］罗尔斯：《作为公平的正义：正义新论》，姚大志译，上海三联书店2002年版，第152页。

说，程序正义是分配公正实现的必要条件，是通过法律规则来保障劳动者分配过程合理的关键之所在。

（三）均等原则

"均等原则"可以划分为两大部分，第一是均等的公共服务，这也是落实该原则的必要条件；第二是机会均等，公共服务均等化是机会均等的着手点。政府所提供的均等化的社会服务是实现薪酬分配公正的基础手段，对于缓解弱势群体的先天不利、缩小薪酬分配的差距、提高全社会福利待遇、促进社会的公平正义都有着重要意义。公共服务均等是一种非竞争性的均等，在一个社会共同体范围内进行的分配是按照所有社会成员的基本生存和发展需要而进行的，是政府对于公民的一种承诺，有学者认为"基础设施建设属于分配正义的范围，并由政府去投资"[1]。对于劳动者而言，每一位公民都应该有享受公正服务的权利，而政府在提供公共服务的时候应更向低收入劳动者倾斜。只有公共服务均等化，劳动者才有可能获得机会均等的社会环境，从而能够激发广大劳动者以更加积极的姿态参与到生产生活之中，扩大劳动者的生存发展空间。公共服务均等可以使劳动者获得更多发展的机会，有利于机会均等的实现。反之在一个劳动者的机会不均等的社会，会使劳动者失去获得公正薪酬和自身发展的机会，影响劳动者的自我评价和长远发展。因而，公共服务的均等化很大程度上会促进机会的均等化，而通过前者带动后者的方式是解决劳动者起点公正问题的关键。

机会均等也称为机会公平，其要求坚持起点公正，要求尊重和保障劳动者发展和进步权利，这也是薪酬分配领域最重要的公正原则。在薪酬分配领域，机会均等要求公正对待和确保每一个劳动者的基本权利，鼓励不同阶层、不同地域的劳动者通过自身的努力进入更高层次的岗位，允许劳动者根据市场需求和自身需要自由流动。机会均等最重要的内容是教育均等，要求社会为不同时期的劳动者提供均等的教育资源，让劳动者享有

---

[1] 姚大志：《现代西方哲学》，中国社会科学出版社2015年版，第316页。

同等的受教育机会，为其创造自由、全面、平等的发展空间。这种教育均等不仅体现在劳动者进入劳动力市场之前的受教育阶段，也包括成为劳动者之后的各种教育机会。因为工作之后的教育往往更具有针对性和可操作性，对劳动者自身能力的提高具有更重要的意义。二是要求确保代际间的平等。代际公平也体现了机会公平原则，不仅要充分保障好当代劳动者的基本权益，还要保护好其后代的利益，不能产生代际的不公平。我国代际不公的问题比较严重，导致了阶级的相对固化。农民工家庭一般对于子女的教育投入过低，导致其子女很难接受到优质的教育，自身素质和家庭背景的原因会使其在日后的竞争中处于劣势地位，很难改变自身的社会地位，这种状况会导致新的代际不公不断产生。

当然，劳动者拥有机会的公平并非一定带来薪酬分配结果的公平。在各地区、各行业的竞争中，劳动者之间的能力有高有低、处境有好有坏，但是均等原则可以为劳动者提供公平的生存和发展空间，使其可以通过自身的努力而获得更好的薪酬收入和更高的社会评价。因为拥有的机会公平了、享受的社会化服务均等了，其社会薪酬结果就更趋近于公正，每位劳动者对公正的心理感受也会更强烈，社会就能健康和谐发展。

二、权力配置结构

（一）初次分配

作为劳动者薪酬分配的首要环节，初次分配对整体薪酬分配公正性具有重要的影响，初次分配应尽可能做到公正。如果初次分配能尽量缩小薪酬差距，再分配环节更会减轻权力行使的压力，政府可以更从容地通过财政税收等政策手段完善劳动者分配体系，使其更加公正化。反之，在初次分配领域，如果劳动者薪酬分配差距不断扩大，不仅不利于劳动关系的稳定，对再分配也会产生巨大的压力。正因如此，只有保证了初次分配的公平与正义，才能实现劳动者薪酬分配的公正。在市场经济体制下，市场在初次分配中发挥着基础性作用，政府的职责是进行宏观调控和政策监督。

初次分配领域的薪酬分配是在用人单位和劳动者之间产生的，两者通过签订劳动合同来确定劳动关系，在薪酬分配过程中是地位平等的两个主体，但是由于我国的资本快速扩张和劳动力市场供求关系不平衡等原因，在薪酬分配领域越来越表现为资方的单方性和强制性，仅依靠个别劳动者的力量很难打破这种不平衡的局面。在此背景下，政府需要出面进行宏观调控，对于劳资双方关于薪酬分配的合同事项给予一定程度的规制，对于劳资双方薪酬分配结果不公的状况给予一定矫正。此时政府扮演着保护劳动者的角色，矫正分配结果失衡，对劳资之间的薪酬分配进行适当规制，坚持劳动法的倾斜保护原则，促进劳动者薪酬分配公正。这充分反映了政府权力配置的基本理念。但是这里应该强调的是，政府在初次分配中的权力行使，并非不正当的行政干预，而是弥补市场的不足。

市场机制成熟的标志就是，以市场为基础，以主体平等为前提，按照市场生产要素的贡献率科学合理进行市场化的要素分配。资本和劳动力作为生产要素中最重要的组成部分，应成为剩余价值的主要占取者。由于资本的根本目的是追求剩余价值的最大化，而劳动力要素在参与分配时又属于弱势地位，很难真正做到按生产要素分配或者按贡献率分配，实现薪酬分配公正就必须借助市场外部的力量予以调整，通过国家公权力对市场进行适当矫正，是实现薪酬分配公正的不可或缺的机制保障。

（二）再分配

初次分配阶段是市场发挥基础性作用，在初次分配中出现的薪酬差距，政府只能通过调控手段进行弥补，但是在此环节中劳动者薪酬差距的调控手段非常有限且收效甚微。这就需要在再分配的环节采取更有力的手段，进一步缩小劳动者之间的收入差距。我国正是基于这方面的考虑才大力推进收入分配制度改革。

在再分配领域，政府可以利用税收、财政支付转移等手段对薪酬分配进行调节。政府可以根据各地区经济发展的差异性，确定不同的税收返还额度，提升一般性转移支付的总额，使社会的低收入群体能够通过养老金、津贴、补助等方式提高收入水平。同时确保转移支付的政策向欠发达地区倾斜，缩小地区间、行业间的收入差距，为低收入群体、欠发达地区的劳动者提高收入提供更大可能性。

三、影响权力运行的因素

（一）用人单位内部原因

1. 资强劳弱的基本格局

薪酬分配的核心问题是如何分配好用人单位创造出的剩余价值（利润），剩余价值的分配是否公正直接关系到劳动者的利益。对于用人单位来说，剩余价值是由一系列生产要素共同决定的，由资本投资者、资本管理者和资本生产者共同创造。用人单位和劳动者之间的分配应该遵循"谁创造，谁应得"的原则，剩余价值由投资者、管理者和生产者共同分享才能实现分配公正。劳动者作为生产者和财富的创造者，可以也必须参与用人单位剩余价值的分配。

然而，剩余价值分配往往存在着不公正现象。一是资强劳弱是不争的事实，资方凭借一定的优势地位，利用对生产资料所有权的控制而独占剩余价值。二是我国劳动力产权严重缺位，在某种程度上为资方提供了独占剩余价值的空间。劳方欠缺参与用人单位剩余价值分配的依据，仅能获得维持基本生活所需的低标准薪酬。这种分配模式及结果是极其不公正的。

2. 劳动者维权意识和能力

在现阶段，由于我国人口众多、农民基数很大，相当一部分劳动者，尤其是农民工群体，文化素质不高，法律意识淡薄，更缺乏自我保护意识，不懂得不善于不敢于利用法律的武器维护自身的权益，这就导致很多底层劳动者即便自身合法权益受到侵害也不能找到有效的解决途径，很多时候被动接受薪酬分配不公的现实。此外，还有一些劳动者会通过自己认为正确的途径维权，其结果往往不仅没有得到应有的薪酬，还会引起用人单位的不满，甚至打击报复，在工作任务、福利待遇方面变本加厉损害劳动者的权益，最终使劳动者不得不"自愿"离职。

第四章 实现劳动者薪酬分配公正的权力保障机制

（二）用人单位外部原因

1. 生产力发展水平

用人单位的薪酬水平受限于一个国家的宏观经济发展水平，一个国家或地区生产力水平越高，经济越发达，创造的财富越多，劳动者的薪酬水平也就越高。劳动者薪酬的增长幅度从理论上说，应该略低于经济效益的增长幅度以保证社会再生产的延续。[①]当下，我国处于社会主义初期阶段，市场经济体制并不健全完备，大力发展经济就必须依靠各个生产要素的积极配合。因此，在初次分配中应该充分激发市场活力，鼓励各种生产要素参与社会财富的创造，强化市场对资源配置的基础性作用，各生产要素按贡献大小参与分配。由于各个生产要素的禀赋性差异，其对市场经济的贡献大小必然存在差异，这就会导致在收入分配时出现差距。劳动力要素在各生产要素之间的弱势地位最为明显，所以其在分配中的占比较小。从我国基尼系数来看，我国已经超过国际公认的0.4的警戒线，这种局面并不是推行市场经济的结果，而是综合因素引起的，也是我国的生产力水平还不够发达的结果。

2. 分配意识

长期以来，我国实行行政等级分配制度，保有着一定的计划经济遗存，在一定程度上影响和决定我国薪酬分配的主流意识，[②]特别是公共部门的薪酬分配，受这种思想影响较深。加之长期的官本位思想盛行，不按贡献大小而是按官级高低来进行分配的现象时有发生。特别是在并不以利润最大化为目标的国有企业，长期按照行政级别或者比照行政级别进行薪酬分配是普遍现象。在我国一些区域、行业的用人单位中难以量化比较和衡量劳动者的贡献大小，出现干好干坏、干多干少、干与不干都一样的想法，平均主义分配方式仍然存在，薪酬分配很难真正体现劳动者的贡献度。

---

① 陈宇学：《改善收入分配 促进社会公平正义》，中国言实出版社2015年版，第47页。

② 周平轩：《论公平与效率：关于公平与效率的理论分析和历史考察》，山东大学出版社2016年版，第87页。

3. 制度环境

在薪酬分配中，政府的宏观调控和政策引导发挥着重大作用，无论是初次分配还是再分配领域，都需要政府以实现公正为原则，综合运用经济、法律和行政手段科学合理地规范薪酬分配。当前，我国正处于全面深化经济改革时期，政府对薪酬分配的干预往往会出现两种典型的问题，即不足与过度并存的局面。在国民收入初次分配时，会出现损效率、失公平的问题和现象，如政府不当干预资源配置，导致市场价格发生扭曲，政府人为分割市场、阻碍了生产要素和各市场主体的自由流动。政府对于形势判断的失误会导致政策的偏误，加剧了不同地区、不同行业劳动者薪酬分配的差距。另一方面，在市场监管中政府缺位、失位容易引起市场秩序混乱，等价交换无法顺畅实现。上述这些问题都会影响甚至损坏劳动者与用人单位的信用基础，最终影响到劳动者薪酬分配的公正性、合理性。

四、实现薪酬分配公正过程中的权力运行困境

在维护薪酬分配公正的过程中，我国政府发挥了积极作用，但深化改革面临着异常复杂的问题：一方面由于社会主义市场机制不完善导致市场化水平还不高；另一方面也由于政治体制在深化改革的过程中还存在着一系列问题，这些问题在某种程度上制约着政府职能转变，造成了薪酬分配领域中我国政府角色的缺位、越位和错位现象。

（一）越位

越位从性质上来看是一种侵权行为，是政府超越范围、力度、时机等自身职能边界的一种行为异常现象。政府的越位现象可以分为两种情况。一种是市场到位，但其功能失效。在这种背景下的政府越位是在矫正市场失灵时，损害了市场机制，容易出现政策力度过大、范围过宽，政府调控手段不恰当、时机把握不准等问题。另一种是市场不能到位，其功能不能正常发挥。这种前提下的政府越位，比较常见的行为是政府过度替代市场和政府自身功能转换不及时等问题。

政府的越位干预在一定程度上影响和加剧了薪酬分配的差距。一是我国长期以来的户籍制度拉大了区域、城乡之间的差距，不利于劳动力要素的自由流动，也拉大了不同户籍劳动者的薪酬差距。户籍制度限制了农民参与工业化过程的权利。[1]我国改革开放以来，政府出台了一些措施松动了户籍制度，不再限制农村劳动力向城市的自由流动，但实质上城乡之间仍然有一些天然屏障，阻碍着农民真正融入城市生活。城市本身就是福利的象征，户籍成为无形的限制。在医疗、教育等众多方面，城市有很强的排他性。很多农民进城人员依然遭受着不公正的对待，在就学、就业、保险等方面，农村居民并没有与城市居民相同的机会。二是国家政策的不公正，政府为了促进经济发展，在某些试点城市开展政策变革，这与当时的经济发展需求相一致，有助于启动当地经济，但同时优惠政策并不是所有地区共享，造成了不同地区和行业发展不均衡，竞争机会不均等就会导致薪酬分配上的差别。

（二）错位

错位是政府政策方向性指导方面的问题，表现为内容错位、方式错位和手段错位，在某些时候政府该做的没做、不该做的做了，这种错位干预也影响了薪酬分配的公正、扩大了薪酬分配差距。我国在计划经济时期，国家所面临的状况是物资短缺、经济匮乏、百废待兴，所以政府直接进行资源分配，很多用人单位就是在计划经济时代，凭借政府权力、政策导向逐渐转化为垄断行业，比如航空航天、铁路电信、金融烟草等。这些行业依靠制度性垄断或其他不平等竞争获取高额垄断利润，直接或间接导致了整个社会的薪酬分配不公正，导致该领域中的劳动者收入相比于其他行业而言有较大差距。政府受计划经济的影响，习惯于直接干预经济，反映在初次分配领域就是政府干预了本应由市场决定的薪酬分配，政府利用公权力控制并调配一些社会资源，对相关企业实施保护，使其成为垄断企业，

---

[1] 曾永明、张利国：《户籍歧视、地域歧视与农民工工资减损——来自2015年全国流动人口动态监测调查的新证据》，《中南财经政法大学学报》2018年第5期，第142页。

获得高额利润。[1]垄断行业的存在很大程度上威胁了市场的公平与公正，造成整个劳动者群体薪酬分配的巨大差异和不公正的现象。

（三）缺位

从职能上讲，缺位就是政府的不到位，是没有履行应尽职责、没有发挥应尽功能的政府异常行为。与越位现象相同，政府的缺位也存在两种情况：一是市场机制功能发挥失效前提下政府的缺位，二是市场机制和功能不能正常发挥前提下的政府的缺位。总之，政府缺位就是没有有效地弥补市场缺陷，表现为一种不作为或者作为但力度不够的问题。

政府的缺位会间接造成薪酬分配的差距。一是在再分配领域缺乏完善的税收政策。再分配的核心意义是将劳动者之间的薪酬差距逐渐缩小，政府主要通过税收的方式调整薪酬收入。我国现阶段税收制度某些方面存在缺陷，还未能充分发挥其对薪酬分配的调节作用。例如，我国现行的税收结构不合理、城乡之间的税赋不合理、税收征管存在漏洞，对高收入群体缺乏有效调控、"逃税"或"避税"现象频出。社会保障政策也是政府在再分配领域发挥分配调节作用的方式。新中国成立以来，特别是改革开放至今，我国已经建立起了养老机制、医疗机制等基础社会保障框架，但是与中国的经济发展需求还有一定的距离，依然有众多地方亟待调整。为此，我国借鉴西方先进经验，完善契合中国国情的社会保障制度。二是法律建设职能缺失，导致我国"灰色收入"依旧存在。走私、贩毒、制假等违法犯罪行为依旧存在，这些行为往往使某些人一夜暴富，打击黑恶势力也是保证分配公正的重要要求。中国在打击非法收入方面依然有较大的作为空间。三是缺乏鼓励慈善发展的政策体系，缺少公益事业发展的政策环境。在新时代，我国政府不能再扮演"全能家长"，需要建构和完善民间力量介入慈善事业和公益事业的社会机制，对弱势群体的扶助力度还需要进一步强化。尤其是将高收入群体的资产引入社会公益事业，将对调节薪

---

[1] 宁光杰、姜现：《我国垄断行业与非垄断行业间的工资差距——基于流动人口数据的分析》，《安徽师范大学学报（人文社会科学版）》2019年第6期，第130页。

第四章 实现劳动者薪酬分配公正的权力保障机制

酬分配公正起到一定的积极作用。

当前我国进入深化改革阶段,政府在实现薪酬分配公正中的缺位、越位和错位现象相互交织,政府对薪酬分配干预的不足与过度并存,需要在调节薪酬分配过程中恪尽职守、尽职尽责履行社会职能,维护社会公平正义。

首先,要防止政府对市场的不当干预。市场经济的核心是市场对资源的分配,需要通过充分的市场竞争形成各生产要素的合理价格,[①]但我国经常出现政府通过公权力不当干预市场资源配置的现象,使已有正常的市场价格形成机制发生了不正当的扭曲。这是由于政府的公权力仍然在市场中占据重要的地位,仍然支配着部分重要的市场资源。从某种程度上说,我国的市场经济依然不是完全由市场占主导,个别时候还会出现由政府代替市场进行配置资源、决定要素价格的现象。以土地为例,作为一种重要的生产要素,土地的所有权依然归属各级政府,政府对这种稀缺资源的垄断,导致土地价格的失常。政府常常凭借手中的权力,替代市场来配置土地资源,土地价格居高不下;从另一方面来看,不仅是土地,政府依靠公权力还垄断了其他一些重要经济资源,这些资源本应通过市场交易并形成价格,却被政府指定专营,政府有时还存在保护主义,为市场准入设定严苛条件实施垄断保护。政府作为垄断经营者,获取大量的超额垄断利润,这也是我国现阶段各地区间、各行业间、各劳动者主体间的薪酬分配差距被人为拉大的原因。

其次,政府通过公权力人为分割市场,导致市场流动性较弱,不仅会影响到各生产要素的流动,也会妨碍到市场主体的自由流动。从劳动者薪酬分配来看,公正的薪酬分配需要在市场中实现,由于自由竞争和追逐利润的动机驱使,生产要素和市场主体会流向生产效率较高的地区或部门,使市场整体的资源得到优化配置。我国现阶段还存在着各级政府各自以本地区利益为重的现象,使本来自由的生产要素和市场主体的流动受到

---

① 汪行福:《分配正义与社会保障》,上海财经大学出版社2003年版,第16页。

阻碍，生产要素市场被分割，导致产品市场也各自为政。政府在制定相关政策时很有可能会因为当时社会的情况而产生政策制定偏差，比如我国政府在改革开放初期制定了更加注重发展城市和沿海地带的策略，这是一种干预初次收入分配的倾斜式发展政策，实践证明这一政策确实提高了我国总体经济效率，对经济发展速度的提高起到了一定的积极作用，也显示了经济发展的质量，但同时也影响了劳动者薪酬分配的公正，使不同地区的劳动者分配差距拉大。一方面，从城市和农村的发展来看，向城市倾斜的发展政策使城市经济的发展速度加快，一定程度上远快于农村经济发展，加之计划经济体制的影响，长期的城乡二元结构的存在，城乡统一的市场体系远没有形成，城乡劳动者薪酬的差距更加明显。另一方面，从沿海地区和内地发展来看，政府提出优先发展沿海地带的倾斜政策，在政策的推动下，众多生产资料聚集到中国南方沿海城市，使这些城市的经济快速发展，内地的自身经济质量以及发展速度远远无法与沿海城市相比较，这将使二者之间的经济差距越来越大。

最后，政府对劳动者薪酬分配的监管不到位。加强对劳动者薪酬分配监管是薪酬分配公正的基础，等价交换是确保市场有序运行的重要保障。因此，拥有相对公正的分配规则是保障劳动者薪酬分配公正的关键，在提供和维护公正规则方面政府具有重要的责任，政府要提供保障市场公正、健康运行的各种法律法规、规章制度等。

第二节 实现劳动者薪酬分配公正的国家责任

一、司法公正的形塑

促进和实现劳动者薪酬分配公正，建设公平正义的社会，不仅需要思想上达成共识，更依赖于制度上的保障。以完善的制度来维护社会的公平正义，是所有追求和实现公平正义的起点和根本保证。在实现社会公平正义的各种制度保障中，司法公正具有最重要的价值。在我国深化改革的过程中以实现司法公正为最终目标的司法体制改革可谓重中之重。党的十八大明确提出，要进一步深化司法体制改革，全面推进依法治国。

（一）司法公正的标准

1. 司法独立是实现司法公正的根本保障

在具有中国特色的社会主义政治制度中，司法独立是实现司法公正的前提和根本保障。强调我国的司法独立要处理好两对关系。首先是中国共产党与司法独立的关系，党的领导和司法独立并不矛盾，我国包括宪法在内的所有法律法规，均是党领导人民制定的，体现了全体人民的共同利益，而司法独立强调"依法办案"，正是体现党领导全体人民的意志，并不是否定党的领导。在司法体制改革的过程中，中国共产党越来越认识到尊重司法独立是实现共产党领导的最好方式，是一种更具有可持续性、更规范科学的领导方式。其次是司法独立与人民代表大会制度，社会主义国家虽然不实行三权分立制度，但依然将权力的分立作为一项基本原则。我国现行的人民代表大会制度与司法独立并不对立，行使审判权的主体是人民法院和人民检察院，但审判权是立法权的下位权利，这种"一府两院"制度下的司法独立与三权分立存在差异，但追求的目标都是公正裁决争议、维护合法权益、保障社会和谐稳定。

确保司法独立，首先要保障司法机关人财物的统一管理，只有"去地方化"的司法才能真正独立。由于我国长期处于社会主义初期发展阶段，将司法机关人财物归由中央统一管理，必须循序渐进地进行改革。2013年党的第十八届三中全会通过了《中共中央关于全面深化改革若干重大问题的决定》，该决定指出："改革司法管理体制，积极推进省以下地方法院、检察院人财物统一管理。"[①]虽然改革遇到不少的阻力和困难，但仍在推进中，只有将司法机关的人财物与地方党政彻底分离，使地方失去干预司法的手段和方式，才能更好地实现司法独立。对于司法独立更深层次的改革

---

① 参见中国共产党第十八届三中全会通过的《中共中央关于全面深化改革若干重大问题的决定》。

是将行政管辖与司法管辖分离。两者的重合容易造成地方行政机关为保护地方利益而超越司法机关行使权力，这种地方保护主义是造成执法不严的原因，也是司法地方化的弊端。在《中共中央关于全面深化改革若干重大问题的决定》中已经明确提出"探索建立与地方与行政区划适当分离的司法管辖制度"，但具体方式、推行步骤仍需要司法理论和司法实践的共同梳理和论证。

2. 公正的法律标尺是依法办事

努力做到严格执法，秉承着公正的态度处理各类事件，切实为人民服务、为人民争取更多的利益。"公生明，廉生威"[1]，因此，司法人员要做知法、懂法、守法、护法的执法者。坚守自身道德底线，保证执法的核心目的是为了人民的福利与发展。将真相与法律放在首位，才能够真正做到秉公执法。将相关信息主动公开，自觉接受人民的监督，保证能够长期以公平正义来要求自己，并时刻对自身行为进行反思。在司法方面，应该保证绝对的公平、公正，有效提升其在民众心中的公信力，提升人民的信任指数。"执法司法中万分之一的失误，对当事人就是百分之百的伤害。"[2]因而，在司法公正的基础上做到每一个案件公平、公正，每一个法院、每一名法官都做到公平公正，才能不断形成司法公信力，让民众对司法公正产生认同。

3. 要实现司法公平公正的目标，就应该将"司法为民"放在首位

习近平总书记就多次指出，应该保证司法为民，时刻注意工作作风，通过提供完善的服务，降低人民通过诉讼解决冲突的困难程度。与此同时，应该为困难群众提供法律帮助。司法部门应该时刻将维护社会稳定作为工作的第一要务，并将寻求公正当作追求的目标，在司法机关的政务人员应该时刻联系群众，掌握群众的需求，并对自己的行为加以规范，从而回应人民的需求与期待。政府官员应该保障人民幸福安康，为了达成此目

---

[1] 高寿仙：《公生明，廉生威》，《光明日报》2020年10月15日第13版。
[2] 姜伟：《全面落实司法责任制》，载于《党的十九大报告辅导读本》，人民出版社2017年版，第292页。

标应该不断对自身体制加以优化,积极进行内部改革,将人民利益放在首位。①只有坚持公平、公正的立场,根据事实与法律作出合理的判决,司法才能维护普通民众的权益,使正义得以伸张。需要做到以下方面:一是司法机关需要真正关心老百姓,需要对每位当事人都保持公平公正;二是应当完善法律援助机制,为困难群体提供有效帮助;三是政府应与群众保持密切联系,司法工作从本质上说也是群众工作。一个判决的下达,或许能够给当事人带来公正,却不一定能解开当事人的"心结",如果"心结"解不开,那么案件就没有真正了结。②

构建司法公正的科学评价体系,建立司法公正与民众感受的有效联系。让民众充分感受公平正义的力量,以司法的公正使民众建立起对法律的坚定信念。在实际工作中,正义必须是看得见的,很大程度上民众对公平正义的感知来自对司法机关的行为的感知,只有切实让人民时时刻刻感知正义,司法的公平正义阳光才能走进人民的心田。

(二)司法公正促进薪酬公正

1.实现和保障劳动者基本人权

人是社会建设的主体,其天生具有积极性和主动性,只有充分发挥人的积极性和创造性才能激发整个社会的生机与活力。体现在劳动力市场中就是要尊重劳动者,保障其基本权益,充分发挥劳动者的主动性和创造性。这就要求必须确保劳动者参与市场活动的机会均等,做到充分尊重劳动者人权,保障其合法权益,使每一个劳动者都可以在公平的环境下工作。为此,需要建立司法公正的有效运行机制,对侵犯劳动者权益的行为依法予以制裁,充分保障和实现劳动者基本权益,为劳动者薪酬分配公正的实现提供司法保障。

---

① 习近平:《促进社会公平正义,保障人民安居乐业》,《习近平谈治国理政》(第1卷),外文出版社2014年版,第148页。

② 习近平:《促进社会公平正义,保障人民安居乐业》,《习近平谈治国理政》(第1卷),外文出版社2014年版,第149页。

2. 保证薪酬分配的程序公正

在市场经济资源分配中，程序公正为劳动者薪酬分配公正提供了坚实保障。劳动者作为市场参与主体，期望得到更多收益，由于市场参与主体的自身差别、参与市场的程度差别和社会资源的有限性，仅仅依靠市场的基础性作用完成的薪酬分配在任何时候、任何地方都不可能使参与主体得到满意的结果，这就需要司法力量的介入，确保薪酬的程序公正。一是需要通过程序规则为劳动者创造公正合理的结果。劳动者所追求的薪酬公正主要是结果的公正，但在薪酬分配的过程中，程序规则的不公正必然会影响分配结果的公正性，公正合理的程序可以最大程度上确保分配结果被劳动者和用人单位所接受。二是程序具有确定性的特征，从某种意义上说，程序公正已经可以代表公正的全部。劳动者和用人单位共同认定的程序公正甚至好过于结果的公正，因为薪酬分配的结果具有相对性的特点。因此，劳动者薪酬分配公正应当做到严格遵循相关法律程序，让劳动者真正看到薪酬分配实现的过程，切实保护好薪酬分配过程中劳动者的各项基本权益，以程序公正促进结果公正的实现。

3. 通过合理分配权利与义务的方式确保薪酬分配的公平

对于司法机关而言，通过调整权利与义务来调整社会关系是其基础职能。对于每一个社会主体而言，在其生产生活中都既要享受权益，又要履行义务，因此权利和义务是否对等与薪酬分配公正之间有密不可分的关联。现阶段，薪酬分配是否合理可以作为判定社会公平正义的标准。司法要做到有法必依，严格执行实体法律，按照法律的原则、法理精神，在法律缺位或没有明确法律依据时公正合理地运用自由裁量权，使劳动者或其他市场主体都能够享受应得权利，同时又承担相应的义务，以此促进劳动者薪酬分配公正。

二、薪酬分配制度的完善

劳动者通过劳动获得薪酬，薪酬是劳动者获得回报的主要方式。保证劳动者能够得到与其付出相对应的报酬，就应该从薪酬分配入手，完善薪酬分配法律制度，以法律强制力保障劳动者薪酬分配公正的实现。

（一）最低工资制度的推进

保障劳动者基本生活所需，维护其生存权利是最低工资保障的基本任务。对于最低工资制度，很多国家都以法律的形式予以保障，如墨西哥、巴西、阿根廷等一些国家，在本国宪法中明确规定了劳动者享受最低工资的权利；美国、日本等国家制定《公平劳动基准法》《最低工资法》来保障劳动者的工资数量，并将其与本国的其他法律法规相结合，对于违反相关法律的企业予以惩罚，从而保障劳动者的最低工资权益。与这些国家相比，我国目前针对最低工资保障专门立法还处于部门法规层面，法律层级低、权威性不够、效力较弱，提升我国最低工资制度的法治化程度，提升其权威，成为我国的当务之急。[1]鉴于我国劳资双方的强弱对比以及资方依靠强势地位侵蚀劳动者应得薪酬等客观事实，政府应该进一步规范现行最低工资制度，提升最低工资的法律规范层级，更科学、更全面地落实最低工资制度。

第一，应以更加科学的方法计算最低工资标准。创建最低工资制度只是从制度上为劳动者提供了一种保障的途径，应该配合更加科学、合理的计算方法，使最低工资标准能够满足劳动者的日常所需，能够使其发挥应有的作用。各地政府制定最低工资标准的测算方法不尽合理，主要采用比重法、恩格尔系数法、月平均工资法等，这些方法均存在一定的问题。一种完善的将所有影响因素进行定量分析的方法尚未发现。[2]当前，根据我国经济社会发展情况，应坚持公平与效率并存，适当提高现行最低工资标准，使其与国际惯例接轨。一般来说，最低工资标准应为社会平均工资的40%～60%之间，同时要根据经济社会发展、基本生活费用价格水平和社会平均工资的变动及时调整最低工资标准。

---

[1] 李昌麒：《中国改革开放发展成果分享法律机制研究》，人民出版社2011年版，第628页。

[2] 李昌麒：《中国改革开放发展成果分享法律机制研究》，人民出版社2011年版，第627页。

第二，明确最低工资范围。各地都制定了不同的关于最低工资的办法。对于社保费用是否应当被纳入最低工资体系中也没有统一标准，这种状况会损害最低工资制度的权威性。为此，需要全国统一制定而不应当由各地自行选择最低工资范围。最低工资制度的主要功能是对劳动者及供养家属的生存权和发展权进行保障，应将公积金以及各种社保纳入劳动者最低工资体系予以衡量。首先，用人单位替劳动者缴纳社保和公积金，那么其最低工资不得低于政府的最低工资标准；其次，如果用人单位未替劳动者缴纳公积金与社会保险，那么其实发工资就应该等于或者大于最低工资和社保与公积金的总和，这样才能够保证劳动者缴纳社保和公积金之后，剩余工资依然能够支撑其生活所需。

第三，明确修改最低工资标准的时间。很多发达国家都实行最低工资制度，并且明确最低工资的修改时间，给劳动者以稳定的预期。这些国家大多为一年修改一次最低工资标准。特别是在法国，从1950年开始，在每年的7月1日都会调整最低工资标准，在每一年的6月份，法国政府都会集合各工会的代表以及企业主进行谈判，并制定相应的工作时长以及工资，双方将会就最低工资的多少展开讨论，最后制定出明确的最低工资标准。[①]我国的最低工资规定也应当具有一定的确定性和可期待性，政府明确每两年调整一次最低工资标准，但并未规定具体调整时间，这就缺少了强制性。如果最低工资标准有确定的调整时间，可以更好地强制用人单位主动积极地及时调整劳动者薪酬水平，有利于薪酬分配公正之实现。

第四，适当扩大适用范围，合理确定劳动定额。我国现在的最低工资制度，其适用范围还不全面，劳务派遣工、农民工等劳动者被排除在外，背离了最低工资制度的宗旨，更偏离了劳动者薪酬分配公正的要求。虽然在工作时间、劳动形式等方面劳务派遣工、农民工与正式劳动者确实存在差异，但劳务派遣工、农民工也与用人单位形成一种合同关系，他们与正式劳动者一样，也通过自身的劳动为用人单位创造价值，按照法律规定，

---

① 叶姗：《最低工资标准的社会法解析》，《甘肃政法大学学报》2013年第1期，第95页。

第四章 实现劳动者薪酬分配公正的权力保障机制

这些人应当成为最低工资制度的适用对象。为此，我国最低工资制度改革应当扩大适用范围，更好地保护劳务派遣工、农民工的权益，并对特殊劳动群体采用计件付薪、提成付薪的方式为其结算工资，制定合理、公正的工资数值。在确定劳务派遣工、农民工的劳动强度以及薪酬数量时应该考虑以下三个因素：首先，政府部门应该主动制定或完善相应的工作时长、薪酬标准等，制定国家层面的劳动定额；其次，健全行业协会，使其能够参与到指定行业的劳动定额标准制定中；最后，健全集体协商框架，利用集体协商的方式确定科学的劳动标准。①

第五，提升用人单位的违法成本并设定相应的刑事处理制度。如果没有强制性的惩罚手段，法律制度就不能对犯罪的、反社会的因素进行有效限制，也就不能实现其对公平正义和社会秩序的维护，而这恰恰是法律制度得以存在的基本职能。②《确定最低工资并特别考虑发展中国家公约》明确指出，与最低工资有关的制度不可以被裁撤，不执行相应法律法规的组织或个人必将接受法律的惩罚。在20世纪80年代，英国推出了《全国最低工资法》，开创了对故意拖欠工资的主体予以重罚的先河。该法律规定故意降低工资、克扣工资的企业将会面临五千英镑的罚款。从我国现行的最低工资制度来看，存在着用人单位违规成本过低的问题，如果惩罚过轻，会出现用人单位的违法行为以及由此带来的恶劣后果难以得到遏制的现象。正因如此，应该加强对用人单位的监督，并提升其违法行为的罚款金额，提升补偿性工资的数额。政府应该积极监督用人单位并创建信息记录体系，将违反相关法律法规的用人单位加入黑名单，从经济、名誉两方面惩罚其不法行为。对用人单位法定代表人和相关责任人违反最低工资制度，损害劳动者合法权益，破坏劳动者薪酬分配公正的，依照情节的严重程度，相关部门应当依法给予更为严重的刑事处罚。

---

① 李昌麒：《中国改革开放发展成果分享法律机制研究》，人民出版社2011年版，第629页。
② ［美］E·博登海默：《法理学：法律哲学与法律方法》，邓正来译，中国政法大学出版社2004年版，第344页。

（二）薪酬集体协商制度的落实

我国现行薪酬集体协商制度还存在着一定的问题，比如制度刚性过强、协商主体责任模糊等，这些问题的存在导致了薪酬集体协商的保障力度不足。薪酬集体协商流于形式，从某种程度上剥夺了劳动者的薪酬话语权，侵蚀和减损了劳动者薪酬分配的权益。为此，应该在以下几个方面做出努力。

首先，应推行薪酬集体协商的强制仲裁制度。现行的薪酬集体协商制度，主要通过部门法加以规定，可以考虑提高其立法层次，并且积极落实强制仲裁制度。在西方发达资本主义国家，罢工被认为是劳动者维护自身权利的终极手段。普遍认为，如果丧失了罢工的权利，在工厂的工作与乞讨无异。然而，罢工权并没有写进我国的宪法，在劳动法体系中也并不存在法律认可的劳动者罢工权利，所以现阶段在我国通过罢工的方式改变薪酬分配的数量和办法并不可行，也不具有可能性。在此法律和权利背景下，应结合我国的现实国情，借鉴西方国家的强制仲裁制度，并将其扩大到薪酬集体协商领域，以强制仲裁制度的威慑性和权威性，促进落实薪酬集体协商制度的运行。

其次，推行区域性、行业性的薪酬集体协商。由于特殊的历史原因，我国各级工会存在独立性不强的问题，有些工会的行政级别隶属于用人单位，导致其代表劳动者表达意愿和维护权益的能力不强。数量庞大的中小型企业并未建立工会组织，导致由工会代表劳动者与用人单位进行薪酬集体谈判的制度存在缺陷或流于形式。没有工会代表的个别劳动者与用人单位进行薪酬谈判时，往往由于自身的弱势地位而导致诉求得不到满足，所获得的薪酬水平较低。要解决上述问题，借鉴国际通行的做法，可以大力推行区域化和行业化的薪酬集体谈判。打造具有行业化和区域化特点的工会组织，使其具有独立性和代表性，防止现行工会因为从属于用人单位而异化为其利益的代言人。确保在平等的基础上与用人单位进行薪酬分配谈判，经过利益的博弈后最终达成共识，确保劳动者关于薪酬的诉求得到最大限度的实现。①在此基础上,推行行业化和区域化的薪酬集体协商,通过协商建立标准化、规范化的薪酬标准体系,对于尚未组建工会和没有集体合同的用人单位,可直接适用行业性、区域性的薪酬标准。通过将此标准推广应用于整个行业或区域的用人单位,解决薪酬集体协商主体缺陷的问题,让劳动者真正受益。行业性和区域性薪酬集体协商,可以调节不同区域、不同用人单位的劳动者薪酬增长幅度,将不同用人单位中劳动者薪酬的比例调节到相同的水准,建立公平、公正的竞争环境。

最后,应加强用人单位薪酬集体协商义务。在我国现行劳动法体系中,用人单位不履行薪酬集体协商义务的法律责任规定不完善,在实践中法律责任的缺失导致用人单位经常规避薪酬集体协商义务,使该制度形同虚设。落实薪酬集体协商制度,要建立行业性、区域性薪酬集体协商,用人单位内部薪酬集体协商和劳动者个人薪酬协商的三级协商体系,从法律上对劳资双方的权利义务进行明确。规定用人单位违反此项义务的法律责任,有效促进劳动者薪酬分配公正的实现。在此前提下,用人单位有义务及时回应劳动者或者工会出具的协商意向书,双方在善意协商的基础上进行谈判并达成共识。对劳动者提出的协商事宜直接予以回绝或者将法律规定照搬进协议的做法都会被认定为违反了协商义务,需要用人单位承担相应的法律责任。

(三)强化薪酬支付保障制度

从西方发达国家来看,各国均设置了薪酬支付保障法律制度,目的是为了防止用人单位随意克扣、拖欠劳动者薪酬,侵害劳动者基本权益,切实保障和实现劳动者的劳动价值。国际上比较通用的薪酬支付保障立法主要有三种模式。第一,制定专门的薪酬支付保障法案。在20世纪70年代初,丹麦制定了《工资保障基金法案》,韩国也在20世纪80年代提出了《工资尝付保障法案》。在随后的20世纪90年代,瑞典颁布了《工资保障法案》,并以此来保障劳动者能够得到相应的报酬。第二,在劳动法体系

---

① 王云中:《我国劳动者报酬提高和规范研究》,经济科学出版社2017年版,第72页。

中以专门条款规定薪酬支付保障制度。在20世纪70年代中期，西班牙政府颁布了《劳工关系法》，通过法律的形式直接将薪酬支付办法加以明确规定，以法律的形式保障劳动者的收入。第三，在就业相关立法中规定薪酬支付保障制度。英国政府颁布了《就业权利法案》，在其中明确规定了被拖欠工资的雇员应如何讨薪以维护自己的权益。在此基础上，随着市场经济的逐渐完善，美国等发达国家还针对如何保护破产企业中的劳动者薪酬支付作出了相关法律规定。

从我国薪酬支付保障制度来看，经过各项改革措施的不断深化，已经取得了一定的成绩，比如恶意欠薪罪入刑可以对用人单位随意克扣、拖欠劳动者薪酬的行为形成有效抑制。但应该看到，我国的薪酬支付保障制度体系依然存在着不完善的问题，法律级别较低，威慑力不足，阻碍了劳动者薪酬分配公正的实现。

（四）完善劳动者薪酬正常增长制度

马克思明确指出，价值的唯一产出方式就是劳动。作为提供劳动的主体，劳动者有权分享用人单位的剩余价值，也有权分享整个社会经济的发展成果。在全社会经济发展成果不断提升，用人单位的剩余价值不断增加的情况下，劳动者的薪酬也应随之增长。劳动者薪酬增长是薪酬分配公正的应有之义，也是一个国家或地区经济社会发展所要达到的目标之一。[1]伴随着改革开放，我国确立了劳动者薪酬增长与经济效益同步的理念，但现实中并没有真正建立劳动者薪酬增长的机制，一些用人单位的劳动者薪酬多年不变的现象屡见不鲜。在我国的劳动法体系中，薪酬与经济效益协同增长不应该只是形式上的内容，应该通过更具体的制度设计，将其协同增长机制纳入法治轨道，使劳动者能够真正获得用人单位及社会经济发展的成果，切实维护劳动者的合法权益。

首先，明确劳动者薪酬正常增长的立法理念。劳动者薪酬正常增长的

---

[1] 宋晶、陈园园、刘绍权：《企业职工工资正常增长机制研究》，《财政研究》2015年第11期，第53页。

第四章 实现劳动者薪酬分配公正的权力保障机制

立法宗旨是保障劳动者付出劳动后，能够分享到用人单位和整个社会经济发展的成果，保障劳动者的合法权益。将劳动者薪酬增长与用人单位的效益挂钩，使劳资双方不再处于对立的位置，而是有机的统一体。实现劳动者薪酬正常增长，可以充分调动劳动者的积极性、主动性和创造性，同时也提高用人单位的生产效率，提升用人单位发展质量，促进用人单位创造更多的社会财富，进而提升国民经济的综合实力，使劳动者、用人单位和国家达到三方共赢的局面。

其次，完善劳动者薪酬正常增长的法律规则。梳理我国现行的劳动法体系，不难发现，由于种种原因，劳动者薪酬正常增长并未得到法律的明文规定。应当建立起劳动者薪酬与物价水平、用人单位经济效益、劳动生产率以及经济社会发展情况相协调的劳动者薪酬增长机制。可以在长期社会发展规划以及国民经济发展预期目标中加入劳动者薪酬提升率，并将其与政府官员政绩挂钩，以此提升劳动者的薪酬收入水平，并切实将薪酬增长纳入法治轨道。

再次，突出工资指导线的价值。在社会主义市场经济体制下，公正的薪酬分配不仅要求加强政府的宏观调控，强化薪酬集体协商，保障劳动者薪酬有效增长，还要加强工资指导线的约束力，明确工资指导线的相关标准，构建工资指导线的监督机制，使工资指导线政策真正在实践中对劳动者薪酬分配公正起到积极作用。为此，应该加强工资指导线对用人单位的实际约束力，科学合理的引导用人单位增加劳动者薪酬。[1]各级政府需要考虑本地区的实际情况，包括管辖区域的物价水平、经济增速及劳动力市场状况等因素，制定科学合理的工资指导线，并构建对用人单位执行工资指导线制度的监督，严格监督用人单位制定内部薪酬标准及其是否有效实施，确保用人单位在参考工资指导线的基础上进行薪酬分配。

---

[1] 安华、赵云月：《最低工资与社会保障协调发展机制研究》，《中州学刊》2009年第5期，第85页。

三、社会公共资源的合理配置

在市场经济条件下，公共资源和私人资源的配置并不对等，私人资源的高效率配置和社会公共资源的低效率配置导致公平与效率站在了对立面上。对于劳动者而言，这种局面会影响薪酬分配的公正性。解决市场在资源分配中的若干不足，需要政府积极发挥作用，创建合理的资源配置机制，从而既保证经济的快速发展，也保证资源公平配置，真正实现共享。

（一）社会公共资源的配置机制

第一，激励机制。只有明确资本、技术、劳动和管理等生产要素按照贡献率参与社会分配，才能使公共资源的配置趋近于公正。这是市场经济发展的客观要求，其有利于调动各方生产要素，特别是劳动者的积极因素，促进社会公共资源合理配置。要在社会公共资源配置过程中建立竞争激励机制，使社会成员在精神层面和物质层面都得到满足，尽可能激发社会成员的积极性，发挥市场经济中各个主体的能动性。劳动者以自身的劳动和贡献度拥有社会公共资源，不仅让劳动者获得物质方面的充裕，也能获得精神层面的提升。在激励劳动者努力工作的前提下正确处理劳动过程中的公平与效率的关系，进一步优化社会公共资源的配置。

第二，协调机制。任何一项社会公共资源的配置均会涉及诸多方面的利益，比如政治利益、经济利益和文化利益都关涉其中。资源配置机制的协调作用体现在以下两个方面：一是在不同区域、不同群体、不同组织之间实现利益均衡，这需要运用法律强制、政策引导和市场机制作用为主的刚性调控手段；二是采取柔性的调控手段，以沟通协商和友善地交换意见为主，发挥社会主义社会思想政治教育的功效。综合上述两方面才能充分协同各方的利益，更好地促进社会公平和正义。对于社会主义国家来说，社会公共资源配置的协调机制更必不可少。马克思明确指出，不要使用"批判的武器"来代替武器的批判，摧毁物质的只有物质本身。"如果人民掌握了某种理论，就会变成该理论的物质力量。理论只要能够说服人，就能掌握群众；而理论只要彻底，就必然能够说服人。"[①]当然，思想政治教育的社会功能非常强大，在社会公共资源合理配置过程中要充分运用社会主义核心价值观引导全体成员，不断提高自身思想道德素养，提升内在追求和价值，以解决资源公正配置的能力问题。

第三，统筹机制。保障劳动者薪酬分配公正的实现需要统筹好社会公共资源配置，调整好市场、政府和民间组织之间的三元结构关系是其必然要求。首先，政府的积极有效作为。在市场经济条件下，政府要在社会公共资源配置中发挥积极作用，需要转变政府职能，将政府的管理手段加以优化，确立政府在市场中的作用。与此同时，政府应该了解市场、提升自身管控能力和水平。更多地在事关民生领域发挥作用，积极扶持欠发达地区，将社会公共资源适度向这些地区倾斜，改变欠发达地区在经济、文化上存在事实上不平等状况。按照新发展理念的要求，政府要转变为服务型政府，以法律手段为主、行政手段为辅的方式进行社会公共资源的配置，加强对市场经济中的宏观调控约束，不断提升政府对社会公共资源配置的调控能力。其次，在资源配置中发挥市场的决定性作用。只在市场失灵的情况下，政府才能展开宏观调控，从而保证对资源进行充分、公平的分配。最后，在资源配置中更好地发挥民间组织的作用。与政府相比，非政府部门的民间组织具有某些长处，更少的官僚作风，常常坚持以具体任务为导向实现社会资源合理配置，更关心民众的资源占有，在资源配置中更具灵活性和应变能力。这种自愿原则下的运用方式，其作用往往优于政府的自上而下的控制方式，会收到政府与市场所发挥不出的作用。为此，要利用好民间组织作用，充分发挥其自身优势，作为对政府和市场力量的有效补充，共同促进社会公共资源分配的公正正义。

（二）各主体在资源配置中的关系

在社会公共资源配置中市场和政府是最重要的两大主体，2018年，党的十九届三中全会再次提出对市场监管和宏观调控领域进行深化改革，

---

① [德]马克思恩格斯：《马克思恩格斯文集（第3卷）》，人民出版社2010年版，第207页。

目的就是为了更好的处理市场与政府的关系，使"无形的手"和"有形的手"在社会资源配置过程中能够共同作用、互为补充，真正做到市场机制有效、政府调控有度。

在计划经济体制下，政府的职能非常单一，仅为分配和监督。改革开放后，我国从计划经济体制逐步转向市场经济体制，政府也在原有的分配和监督职能基础上增加了调节市场的职能。随着市场经济的不断完善，我国政府转变角色的任务加重，既要在宏观经济层面调节市场活动，又要配置社会公共资源、加强各项基础设施建设，要为国家整体经济平稳快速运行创造公正、合理的市场环境。市场这只"无形的手"有失灵的时候，但市场失灵并不是政府干预市场的必然条件，政府的干预也不会是矫正市场失灵的唯一方式，只有在市场和政府有效衔接、默契配合时才能使整体经济在最优状态下运行。

市场与政府相互配合可以提高效率，这种高效率只在特定的范围内得以显示，而且这种效率不能做到将经济价值在社会成员间公平分配，此时就需要政府进行宏观调节。通常情况下，市场资源由市场支配，而社会公共资源由政府配置正是基于这种原因。政府对公共资源的配置机制将会影响市场与政府的关系以及各自作用的发挥，甚至对整个社会的公平和效率产生深远影响。

社会公共资源如何配置对各类用人单位同样影响巨大，可以说用人单位就是由不同资源配置形成的市场主体。[①]从用人单位的最初设立到发展过程中各类政策引导、资金资助，政府的资源配置都发挥着重要作用。随着我国实行创新驱动发展战略，政府在科技创新、特殊专项许可等方面都加大了支持和投入，符合条件的用人单位就拥有了更多的社会公共资源倾斜和发展机会。所以，在我国继续深化各项改革、全面转变政府角色的大背景下，政府和用人单位逐渐成为利益共享、责任共担的合作共赢关系，社

[①] 任祯：《资源配置视角下的中国特色政府、市场与企业关系》，《全国流通经济》2020年第2期，第135页。

会公共资源如何配置才能达到双方的利益最大化,也成为值得广泛关注和深入研究的问题。

(三)资源合理配置与薪酬分配公正

首先,实现社会公共资源公正配置,需要保证每一个经济主体能够在一个公平的环境中参与竞争,这就是机会公平。美国著名学者罗尔斯指出,每一位公民都有相同的参与资源的竞争与分配的权利是公正的前提。[①]从国内来看,引发劳动者薪酬分配不公的一个重要原因是劳动者获得的公共资源不均等。劳动者能否获得平等发展机会,关键要看政府能否将社会资源的配置做到合理公正。一方面,要尽量赋予劳动者平等的权利,市场中的工作岗位和工作机会向所有劳动者平等开放;另一方面,使劳动者获得经济和政治收益的双向公正分配。

其次,社会公共资源的合理配置不仅需要保证每一位公民都有相同的起点,还需要保证所有社会的公共福利能够落实。罗尔斯认为,经济领域不公平的明显特点就是极少数利益拥有者在追求并占有社会上极大的利益。[②]在进行公共资源配置时,应该保证每一位社会成员都有相同的起点,即平等享受教育、医疗等权利。与此同时,应该充分体现正义。市场应该将更多的公共资源分配在能够为民众带来最大福利的领域。在劳动者薪酬分配领域,如何使最少受惠者得到最大利益是一个难点。这需要政府运用各种政策机制进行调节,掌握最不利者的现实状况和真正需求,将社会公共资源向这一群体尽量倾斜配置,帮助最少受惠者获得更多机会和更大利益,充分改善最不利者的状况。体现在薪酬分配领域就应该使底层劳动者获得更多的薪酬,以改变自身和家庭的经济状况。

最后,转变政府的职能,使其充分认知和把握自身的义务和责任。我国进行市场经济体制改革以来,政府一直在努力调整自己的定位。政府作为公共权力的体现,需要统筹处理社会各个环节出现的问题,并通过各种

---

① [美]约翰·罗尔斯:《正义论》,何怀宏等译,中国社会科学出版社2014年版,第123页。
② [美]约翰·罗尔斯:《正义论》,何怀宏等译,中国社会科学出版社2014年版,第40页。

手段加以解决。越是发达的社会，对政府综合实力的要求就越高。在解决问题的过程中，各级政府应该对自身的权力与责任加以明确，确保在解决各种现实问题时职能不缺失不过度，不缺位不越位。为此，政府应该结合实际情况，对自身系统进行优化，将自己定位在市场之外、阳光之下，这是政府应有的法律边界。充分发挥政府在薪酬分配领域中促进社会公正的作用，需要做出切实的努力。在初次分配领域，由于市场在发挥基础性作用，如果劳动者的薪酬分配不能体现按劳分配，这时就需要政府通过制定最低工资标准等政策，对初次分配进行宏观层面的调控。如果这种调控由于种种原因依然不能够达成薪酬公正目标，就需要政府在再次分配环节，以更有力的调控手段对其不公正的现象加以矫正，通过运用税收、转移支付等方式促进劳动者薪酬分配向公正方向趋近。

第三节 疫情下薪酬分配公正与政府权力行使

一、政府权力在疫情保障中的行使方式

2020年爆发了新冠病毒感染疫情，国家对此高度重视，习近平总书记对此强调"什么都比不上人民的生命重要"。我国政府的关注重点从发展经济转移到保障人民生命安全，这充分彰显了以人民为中心的治理理念。在此基础上，政府转变角色、积极作为、主动作为，发挥多元化政府职能，担当应急主导者、资源协调者、风险沟通者、创新促进者等角色，为保障经济社会发展、人民生命安全、国家安全稳定发挥着决定性作用。

（一）公共资源调度

新冠病毒感染疫情发生后，党中央积极部署，协调各地医疗救护队驰援湖北武汉。各地政府积极配合党中央，尽最大努力主动调集本地区的医疗物资、医疗人员、生活物资，并启动相应级别的应急预案，联合当地卫生主管部门采取措施，防控疫情蔓延，组织力量进行本地区的医疗救治工作，形成有效力量。同时面对一线医疗物资严重告急的情况，全国齐心协

力，各级政府组织有条件的企业改装生产线，及时制作口罩、消毒杀菌用品等，政府纷纷为企业开绿灯，给予最大的政策支持，充分体现了我国强大的组织动员能力和各级政府的应急处置工作能力，更充分彰显了中国特色社会主义政治体制的突出优势。

（二）公众舆情指引

面对新冠病毒感染疫情突如其来的灾难，对于未知病毒的恐惧带来了全社会范围内的焦虑恐慌和不安。这是正常人的本能反应，各级政府依照党中央决策，尊重科学，及时部署工作任务，准确地发布疫情相关数据，普及有关的医疗知识，积极引导民众作出相应的自我保护措施等。这些措施有效避免了大范围谣言和恐慌的出现，稳定了公众情绪，杜绝了物价猛涨和疯抢物资等不利于社会秩序的现象发生。这充分说明我国政府具有强大的公信力，能够科学正确地引导民众应对危机。

（三）信息技术支持

各级政府面对新冠病毒感染疫情迅速转变角色，应用信息等科学技术手段，促进政府工作的高效化、服务的精细化、治理的现代化。在新冠病毒感染疫情面前，我国各级政府一要防控新疫情的发生；二要巩固已有疫情防控成果；三要正确引领经济社会发展步入正常轨道。各级政府积极承担起了资源协调者角色，协调多方利益，这背后需要有强大的信息技术支持。对外，政府加强入境口岸的管控、做好入境人员的监测等都需要信息技术支持；对内，政府努力掌握疫情期间劳动就业状况，解决复工复产困难问题，也需要信息技术提供有力支撑。

二、疫情背景下的薪酬分配

（一）政府对用人单位的利益保障

1. 加强对中小企业的支持与保障

中小企业由于资金等方面的限制，往往不具有良好的风险应对能力。在新冠病毒感染疫情的影响下，许多中小企业都受到了不同程度的冲击，在重压之下，有些中小企业出现亏损，有的甚至面临倒闭风险。在这种情况下，如果政府一刀切对用人单位提出要求，要求用人单位在劳动者延迟复工期间继续支付工资，甚至支付双倍工资，只会使困境中的中小企业雪上加霜。众多中小企业，如果在疫情中或疫情过后纷纷倒闭，作为我国城镇就业发展的中坚力量，将会造成劳动者大量失业，对劳动力市场产生负面效应，不利于经济社会的发展和稳定。为避免出现这种后果，疫情防控期间各级政府出台了多项政策，对于申请财产保全的中小企业，适当下调保证金比例并采取灵活担保方式；对于提起诉讼的中小企业，对其相关费用进行减免；将因履行工作职责而感染新冠病毒的医护人员认定为工伤，由政府负责所有费用，减轻所在用人单位的压力。这些都说明政府在保障劳动者利益的同时，也兼顾用人单位利益，切实减轻用人单位，尤其是中小企业负担，真正帮助中小企业平稳度过危机，最终目的也是为了充分保障劳动者薪酬分配的公正性。

2. 加强对用人单位的扶持和财政补贴

在疫情停工期间，一是政府根据用人单位规模和用人单位为劳动者支付的生活费情况，给予用人单位不同的补贴数额；二是政府通过多种途径减轻用人单位的运作成本。由于疫情防控的需求，大量患者、密接等人员将会住院观察，另外还有一些人员受到防控政策的影响不得不居家隔离，导致许多劳动者无法继续为单位提供正常的劳动。这一情况的直接结果就是用人单位出现大量的岗位空缺，但是由于国家政策要求，用人单位依然需要为这部分劳动者支付薪资，此时用人单位的运营成本将会大大提高。为了减轻用人单位的负担，各地政府以多样化的形式进行补贴。

3. 为特殊劳动者发放政府补贴

在疫情停工期间，政府为切实减轻用人单位的负担，采取措施，为供应保障疫情资源而提前上岗工作的劳动者给予一定的政府补贴。

人力资源社会保障部与最高人民法院联合发布的第一批劳动人事争议典型案例中，可以充分体现出政府在新冠病毒感染疫情特殊的背景下，对于用人单位的权益保障。

第四章　实现劳动者薪酬分配公正的权力保障机制

其一，肯定用人单位与劳动者优先使用带薪年休假、用人单位自设福利假等各类假期，把新冠病毒感染疫情对用人单位经营和劳动者薪酬损失的影响降到最低。李某为某饭店厨师，薪酬为每月8000元。从2019年开始，李某可以享受每年五天的带薪休假。2020年2月3日，李某工作的饭店所在地市政府要求全市用人单位延迟复工复产至2月17日。饭店随即通知李某延迟复工，鉴于李某2019年和2020年都没有享受带薪休假，饭店建议李某2月3日至14日期间休完2019、2020年度的带薪年休假。李某不同意，饭店要求李某服从安排，并支付了李某2月3日至14日期间的工资。2020年3月9日，饭店复工复产后，因其他原因，解除了与李某的劳动合同。李某向劳动人事争议仲裁委员会申请仲裁，称饭店未征得本人同意就安排休假不合法，该期间工资应当视为停工停产期间工资，并要求饭店支付2019、2020年度未休带薪年假的薪酬。仲裁委员会根据《职工带薪年休假条例》[①]《企业职工带薪年休假实施办法》[②]以及人社厅8号文件的规定[③]裁决驳回李某的仲裁请求。这一典型案例说明，在疫情背景下，用人单位有权统筹安排劳动者带薪年休假，与劳动者协商是用人单位需履行的程序，但并未要求"必须协商一致"。无论劳动者是否同意，用人单位都可以在履行协商程序后统筹安排带薪年休假。

其二，肯定用人单位在部分停工停产期间，可以按照停工停产规定支付劳动者薪酬待遇，把新冠病毒感染疫情对用人单位经营和劳动者薪酬损失的影响降到最低。张某是某汽车公司员工，该公司下设汽车零部件生产、汽车组装、汽车销售等部门，张某就职的部门为客户俱乐部。公司每

[①]《职工带薪年休假条例》第五条第一款规定：单位根据生产、工作的具体情况，并考虑职工本人意愿，统筹安排职工年休假。

[②]《企业职工带薪年休假实施办法》第九条规定：用人单位根据生产、工作的具体情况，并考虑职工本人意愿，统筹安排年休假。

[③] 人力资源社会保障部等四部门在疫情期间颁布了《关于做好新型冠状病毒感染肺炎疫情防控期间稳定劳动关系支持企业复工复产的意见》（人社部发〔2020〕8号），简称8号文件。该文件中规定：对不具备远程办公条件的企业，与职工协商优先使用带薪年休假、企业自设福利假等各类假。

月10号为员工发放上个月4号至本月3号之间的薪酬,张某薪酬为每月8000元。2020年2月3日以后,张某就职的公司的汽车零部件生产、汽车组装等部门陆续复工复产,但由于疫情防控要求,客户俱乐部暂时无法对外开放,导致张某所在部门中的10余名劳动者均处于停工状态。2020年3月10日该公司按照劳动合同约定支付给张某2月份工资,4月10日该公司按照生活费标准支付了张某3月份工资。张某认为汽车公司以停工为由恶意降低其薪酬待遇,遂向劳动人事争议仲裁委员会申请仲裁。仲裁委员会根据人社厅5号文件的规定[①],驳回张某的仲裁请求。尽管汽车公司的零部件制造等部门均已复工,但是由于该公司各部门工作具有相对独立性,政府要求的复工条件并不相同,张某认为汽车公司以客户俱乐部停工为由恶意降低其工资待遇,事实依据不足,故不予支持。

总之,新冠病毒感染疫情对用人单位生产经营和劳动者薪酬收入的影响是巨大的,在这种情况下,用人单位通过仅为劳动者发放生活费、为劳动者提供带薪年休假等的方式,可以起到降低成本,维护劳动关系稳定的作用,这与直接与劳动者解除劳动合同并支付补偿的处理方式相比更为温和,也可以为下一步复工复产提供人力资源保障,因此,这是一种择优选择;而从劳动者角度出发,虽然一定时期内的薪酬下降,但减轻了用人单位压力,使其能够渡过难关,稳定了自身的就业岗位,双方各得其利。这种利益的平衡和兼顾,正是疫情影响下构建和谐劳动关系的内在要求,也是仲裁和司法实务中,维护停工停产劳动者合法权益,尊重和保障用人单位用工自主权的题中之义。

---

① 人力资源社会保障部在疫情期间颁布了《关于妥善处理新型冠状病毒感染的肺炎疫情防控期间劳动关系问题的通知》(人社部发〔2020〕5号),简称5号文件。该文件中规定:企业停工停产在一个工资支付周期内的,企业应按劳动合同规定的标准支付职工工资。超过一个工资支付周期的,若职工提供了正常劳动,企业支付给职工的工资不得低于当地最低工资标准。职工没有提供正常劳动的,企业应当发放生活费,生活费标准按各省、自治区、直辖市规定的办法执行。

第四章 实现劳动者薪酬分配公正的权力保障机制

（二）政府对劳动者的薪酬保障

1. 在疫情防控期间切实保障劳动者薪酬

一是政府坚持保障劳动者基本薪酬与维护用人单位生存并重的原则，在充分考虑用人单位的实际情况的前提下依法保护劳动者合法权益，妥善处理因疫情影响而导致的薪酬争议，坚持运用合理适度的方式调解劳动争议。二是各级政府全面充分地调研用人单位受疫情影响的程度，对一些无法及时开工、劳动者无法及时返岗、未及时支付薪酬等问题进行处理，平衡好用人单位和劳动者之间的权利义务。2020年1月24日人社部办公厅发布的《关于妥善处理新型冠状病毒感染的肺炎疫情防控期间劳动关系问题的通知》规定，在疫情的影响下，如果一些用人单位无法维持正常状态的生产与运营，可以在与劳动者协调后采取一定的调节措施，例如轮休制度、适当减薪等等，在非必要情况下不采取裁员措施。对于满足上述要求的单位，政府将会给予稳岗补贴。受疫情影响导致用人单位的正常运转中止，如果在其后的一个薪资支付周期内，应当为劳动者支付劳动合同中所规定的薪酬。一个薪酬支付周期以后，如果劳动者已经提供了正常劳动，单位应当至少以该地区最低工资数额为标准为其提供薪酬；对于没能提供正常劳动的劳动者，用人单位应当依照本地区规定，为其提供基本生活费。上述措施不仅充分保护劳动者的合法权益，而且积极保障用人单位的生存发展，在保障劳动者基本生活所需薪酬的情况下维护了用人单位正常的生产经营秩序，维护了国家稳定大局。

2. 明确劳动者的薪酬支付方式和比例

各级政府出台相应政策，有针对性地对劳动者停工期的薪酬支付方式和比例作出明确规定，确保劳动者在应对新冠病毒感染疫情过程中有坚定的态度和稳定的预期。一是以《中华人民共和国传染病防治法》（简称《传染病防治法》）有关规定为基础，发出了《人力资源社会保障部办公厅关于妥善处理新型冠状病毒感染的肺炎疫情防控期间劳动关系问题的通知》（人社厅明电〔2020〕5号），其中指出政府在实施隔离措施后，应当承担在隔离期间被隔离者的基本生活费用；另外，被隔离者所在的用人单位应当按照正常工资标准为其提供薪酬，并且不得在此期间进行裁员。如果被隔离者与所在单位签署的劳动合同的到期时间处于隔离期间内，则应当对到期时间作延后处理。二是根据《劳动法》及地方劳动合同条例，发布相关政策，明确用人单位按照政府要求配合疫情防控工作，停产停工或延迟复工的，可以延长劳动者休假及支付停工时的劳动者薪酬；如果劳动者提供了正常劳动，或者居家办公，则应当依照合同约定的金额进行薪酬支付；如果劳动者的工作时间延长，则用人单位应当至少支付1.5倍的薪酬；如果劳动者没能提供正常劳动，则应当依照该地区规定，为其提供基本生活费。用人单位与劳动者协商达成一致，可以在延迟复工和停产停工期间安排劳动者进行年休，在年休期间享受与正常工作期间相同的薪酬。

3. 合力稳定疫情防控期间的劳动关系

政府统筹社会各方力量，有效降低矛盾风险，不断稳定劳动关系。一是将人社部门、仲裁机构和工会进行统筹，形成工作合力，建立诉讼调解对接机制，引导劳资双方根据具体情况，进行沟通和协商，鼓励双方采取灵活的缩短工时、轮岗轮休以及调整薪酬等方式，促进劳动关系和谐稳定。二是政府明确界定了被感染认定工伤的范围，鼓励在疫情期间用人单位采取灵活用工方式，政府注重运用协商程序处理劳资争议案件。

人力资源社会保障部与最高人民法院联合发布的第一批劳动人事争议典型案例中，可以体现出政府在新冠病毒感染疫情特殊的背景下，对于劳动者的薪酬保障。

其一，明确"一个工资支付周期"，确保劳动者未及时返岗的薪酬待遇正常发放。丁某就职于某机械公司，劳动合同约定其月工资为6000元。公司于每月15号发放上月10号至本月9号的工资。2020年春节前，丁某返回外省家乡过节，随后新冠病毒感染疫情暴发，丁某滞留家乡。春节过后，机械公司所属地区人民政府发布通知，延迟复工时间至2020年2月9日。同年2月底，机械公司复产，而丁某未能返岗或远程办公。公司决定为未能返岗的员工保留职位，参照国家有关停工停产规定发放工资。该公司为丁某正常发放了1月1日至2月9日的工资6000元，但2020年3月15日，丁某仅收到

第四章　实现劳动者薪酬分配公正的权力保障机制

2月工资1540元。公司解释，到2月9日为止，停工后的第一个工资支付周期已经结束，根据相关规定，自2月10日起对未返岗员工发放生活费。丁某以公司未及时足额支付工资为由向劳动人事争议仲裁委员会申请仲裁。经调解，机械公司当庭支付丁某2020年2月10日至3月9日的工资待遇差额3227.8元。丁某撤回仲裁申请。根据《工资支付暂行规定》的规定①，"一个工资支付周期"的性质应属缓冲期，主要目的是体现风险共担和疫情期间对劳动者基本薪酬的保护。新冠病毒感染疫情期间，用人单位出现停工停产，劳动者也存在不能及时返岗的困难。仲裁与司法部门正确理解和适用"一个工资支付周期"，有利于疫情期间薪酬待遇支付标准的贯彻执行，在保障劳动者疫情期间基本薪酬的同时，也有利于促使用人单位承担起必要的社会责任，实现劳动关系双方共担风险、共渡难关。

其二，明确因公未能提供劳动的劳动者薪酬待遇，引导用人单位与劳动者共担责任、共渡难关。李某为某软件公司工程师，2020年1月20日因客户需求，软件公司派李某前往湖北进行系统维护，后因湖北省疫情暴发而滞留湖北，无法返回工作地。该公司认为李某2020年3月14日至4月13日期间并未提供劳动，故根据停工停产有关规定向其支付了生活费。李某认为其是因公司安排出差滞留湖北，应按正常劳动支付工资，遂向劳动人事争议仲裁委员会申请仲裁。仲裁委员会根据《关于妥善处置涉疫情劳动关系有关问题的意见》的相关规定②，认为本案中，李某虽未返岗且不能通过其

---

① 《工资支付暂行规定》第十二条规定：非因劳动者原因造成单位停工、停产在一个工资支付周期内的，用人单位应按劳动合同规定的标准支付劳动者工资。超过一个工资支付周期，若劳动者提供了正常劳动，则支付给劳动者的劳动报酬不得低于当地的最低工资标准；若劳动者没有提供正常劳动，应按国家有关规定办理。

② 人力资源社会保障部、最高人民法院等七部门联合下发《关于妥善处置涉疫情劳动关系有关问题的意见》（人社部发〔2020〕17号），意见中规定：对不属于被依法隔离情形但属于因政府依法采取停工停业、封锁疫区等紧急措施情形，导致企业延迟复工或劳动者不能返岗的，区分不同情况处理。……三是对企业未复工或者企业复工但劳动者未返岗且不能通过其他方式提供正常劳动的，企业参照国家关于停工停产期间工资支付相关规定与劳动者协商……

他方式提供正常劳动，但其系因用人单位安排出差而滞留湖北，其滞留行为是为完成用人单位所安排的工作内容导致，应视为提供了正常劳动，故李某在超过一个工资支付周期期间应按正常劳动领取薪酬。在本案中，仲裁机构充分考虑到了劳动关系的人身从属性、依附性特点，认定劳动者的劳动以用人单位安排为前提，肯定劳动者无法提供劳动的"正当性"，对劳动者的仲裁请求予以支持。本案的仲裁精神主旨及其依据值得加以肯定。

总之，在新冠病毒感染疫情的影响下，仲裁与司法部门在处理劳动争议时均坚持协商和调解优先的柔性争议处理思路，发挥当事人主导地位，降低仲裁与诉讼成本，提高程序效率，寻找劳资双方的平衡点，努力使劳动争议的处理结果达到最佳的社会效果和法律效果。

三、薪酬分配公正对权力行使的新要求

在新冠病毒感染疫情蔓延期间，我国各级政府出台的关于劳动者薪酬支付的相关文件，其法律依据多来自《工资支付暂行规定》。此规定颁布于1994年，在此之前我国从未暴发过如此规模的公共卫生突发事件，此规定的薪酬支付情形并不适用于疫情期间的特殊情况。

面对疫情，劳动者和用人单位都是直接的利益损失者，劳资双方都无法履行劳动合同，劳动者无法提供正常劳动，用人单位也无法正常接受劳动者所提供的劳动。在这种情况下，依然强制用人单位继续履行所承担的支付劳动者薪酬的义务就有失公允，合理的处理方式应该是由政府承担相应责任，采用非常时期的特殊政策支持来保障劳动者无法劳动时的生存与生活。

（一）建立劳动者薪酬补偿机制

2020年2月20日，我国人力资源和社会保障部、财政部、国家税务总局联合下发了《关于阶段性减免企业社会保险费的通知》，该通知对各省

阶段性减免用人单位工伤保险、失业保险和养老保险予以规定。这个通知的目的在于纾解用人单位在疫情期间的压力和困难，有序推动各类型用人单位复工复产，维护劳动力市场的稳定，兼顾用人单位和劳动者双方的利益。此类型文件从实施效果来看，在某种程度上可以缓解由于疫情造成的用人单位损失，但从劳动法的视角出发，对于劳动者的保护，尤其是其薪酬损失的补偿，还需要根据疫情对其造成的影响制定不同的补偿机制。

1. 被隔离劳动者的薪酬损失补偿

在新冠病毒感染疫情暴发期间，有相当多的劳动者因疫情防控需要被隔离，无论是居家隔离还是集中隔离，劳动者在此期间都不可能为用人单位提供劳动，在影响用人单位正常生产的同时也造成了劳动者自身劳动收入的减少或者消失。疫情防控关涉国家全局，任何个人都必须服从安排，政府一直在为隔离期间的劳动者薪酬给付和补偿努力寻求解决之道，力求减少劳动者损失、稳定被隔离劳动者的情绪。这种针对被隔离劳动者的薪酬给付的主要依据是《传染病防治法》第41条[①]，但是这一依据思路越来越受到学界的质疑。此次影响巨大、用人单位损失严重的疫情中暴露出了较为严重的弊端。被隔离劳动者的薪酬给付或损失由用人单位承担是不合理的，因为上文已经提到疫情防控关涉国家大局，"隔离"是降低全社会整体传播风险的有效方式，为此所造成的损失应当由全社会共同承担。虽然各级政府已经出台了多个文件，以减免保险费等方式对用人单位进行补偿，减少用人单位因承担对隔离劳动者进行薪酬给付义务而造成的利益损失，但是这种政策并不具有区别性和针对性，对用人单位的意义并不明显。与这种没有充分可预期性的政策相比，更需要建立规范化的应急补偿制度，并通过立法的方式使其常态化。

在新冠病毒感染疫情期间，多地政府已经意识到了对用人单位予以补

---

① 《传染病防治法》第41条规定：在隔离期间，实施隔离措施的人民政府应当对被隔离人员提供生活保障；被隔离人员有工作单位的，所在单位不得停止支付其隔离期间的工作报酬。隔离措施的解除，由原决定机关决定并宣布。

贴的必要性，并出台相应具有针对性的文件，缓解用人单位因承担被隔离劳动者的薪酬给付而产生的压力和损失。比如广州市政府出台的《关于应对新型冠状病毒感染的肺炎疫情支持企业复工复产促进经济稳定运行的若干政策措施》和深圳市政府出台的《深圳市应对新型冠状病毒感染的肺炎疫情支持企业共渡难关的若干措施》[①]。在未来，可以沿用各地政府的思路，在《传染病防治法》中规定被隔离劳动者的薪酬补偿规则，可以由用人单位承担被隔离劳动者的薪酬给付责任，由政府通过社会保险费、企业所得税的适当减免或者直接的财政补贴等方式对用人单位进行补偿。在完善正式劳动者的薪酬给付机制的同时，也要明确规定非正规劳动者、灵活用工形式劳动者的薪酬给付和补偿方式，做到全方位的保障疫情期间劳动者的薪酬支付。

2. 非被隔离的劳动者薪酬损失补偿

非被隔离的劳动者是指为了阻隔疫情传播，被政府采取的停工、停课、停业以及疫区封锁等紧急措施所影响的劳动者，人力资源社会保障部出台的《关于妥善处理新型冠状病毒感染的肺炎疫情防控期间劳动关系问

[①] 广东省人民政府于2020年2月6日印发《关于应对新型冠状病毒感染的肺炎疫情支持企业复工复产促进经济稳定运行的若干政策措施》，文件规定：对受疫情影响不能按时缴纳企业职工养老保险、医疗保险（含生育保险）、失业保险、工伤保险以及住房公积金的企业，允许延期至疫情解除后三个月内补办补缴。……对职工因疫情接受治疗或被医学观察隔离期间企业所支付的工资待遇，按照不超过该职工基本养老保险缴费工资基数的50%补贴企业，所需资金在工业企业结构调整专项奖补资金中列支。《深圳市应对新型冠状病毒感染的肺炎疫情支持企业共渡难关的若干措施》解读中指出：对于符合条件的企业，返还上年度失业保险费的50%，预计将为企业节省资金10.8亿元，惠及职工800万人；返还社会保险费的25%，预计将为用人单位节省资金约46.8亿元，惠及职工2170万人。同时，对职工因疫情接受治疗或被医学观察隔离期间企业所支付的工资待遇，可申请享受稳岗补贴，用人单位可提供职工接受治疗或被医学观察隔离的证明材料，向人力资源保障部门相关机构申领。

题的通知》将此类劳动者与被隔离劳动者归为同类型①。这一规定也同样受到了学界的质疑，学者们普遍认为其他类型劳动者与被隔离劳动者在薪酬补偿上适用相同的规则缺少法理依据，应当赋予用人单位基于自身实际情况灵活应变的权利。同时，还应当将由于疫情影响而导致的停工、停业与《工资支付暂行规定》中一般性质的停工、停业区别开来，一般性质的停工不具备降低疫情传播风险的功能，不具备以全社会公共利益为目的的不可抗力性质。对于疫情期间非被隔离劳动者的薪酬给付和补偿，还应当遵循社会补偿的思路，但补偿的方式和比例需要继续探讨。北京市政府在疫情期间的政策值得学习。北京市规定在京工作的劳动者，受疫情影响滞留湖北的，虽不能为用人单位提供正常劳动，但由所在用人单位为其发放生活补贴，标准是每月不低于3080元，而用人单位可以根据劳动者人数，向政府申请每位劳动者每月1540元的临时专项补贴。这种专项补贴针对性强，是疫情期间劳动者薪酬给付和补偿的有益尝试。

（二）强化劳动法制度工具应对突发事件的能力

我国劳动法体系一直被评价为刚性有余、灵活不足，在新冠病毒感染疫情引发的空前的特殊时期，劳动法很难为政府提供切实有效的法律依据和法律制度工具，以稳定劳动关系，既保障劳动者的切身权益，又缓解用人单位的压力，在劳资关系中找到平衡点。事实上，政府对受疫情影响的企业，尤其是对中小企业进行的帮扶、纾困和补贴政策均具有很强的针对性和临时性，它与因疫情防控措施受到损失而出台的救助补偿措施有所差别，后者更具有标准性和普遍性，二者属于不同的制度调整领域，发挥着

---

① 2020年1月24日，人力资源社会保障部出台《关于妥善处理新型冠状病毒感染的肺炎疫情防控期间劳动关系问题的通知》，通知规定：对新型冠状病毒感染的肺炎患者、疑似病人、密切接触者在其隔离治疗期间或医学观察期间以及因政府实施隔离措施或采取其他紧急措施导致不能提供正常劳动的企业职工，企业应当支付职工在此期间的工作薪酬，并不得依据劳动合同法第四十条、四十一条与劳动者解除劳动合同。在此期间，劳动合同到期的，分别顺延至职工医疗期期满、医学观察期期满、隔离期期满或者政府采取的紧急措施结束。

不同的调控功能。而现实中，我国政府因疫情颁布的各项政策，并未对二者进行区别，只是笼统地采取如社会保险费减免、稳岗返还失业保险费等措施，这正说明了劳动法体系的相关制度缺少应对突发事件和严重危机的灵活性，如果在此次疫情中严格遵照劳动法的规定保障劳动者权益，可能会使各类用人单位雪上加霜、难以渡过难关。这就需要在制度刚性的基础上，充分考虑缓解用人单位压力的现实需要，发挥劳动法中柔性制度的作用，比如薪酬集体协商机制，使劳资双方利益在劳动法制度的框架下均得到有效维护，平衡劳动关系，确保劳动力市场稳定并持续发展。

1. 完善灵活用工的劳动法规制

在新冠病毒感染疫情期间，灵活用工无论是在工时、公休、薪酬方面，都表现出了比传统用工模式更强的适应性和可操作性。中央和各地方政府印发的各种关于劳动关系的指导和规范文件也对用人单位在疫情期间采取互联网远程办公、弹性工作制、"共享员工"等灵活用工形式做出了具体的规定和指导，目的在于减少各项疫情防控措施给劳动者和用人单位带来的困难和不便，并降低灵活用工可能引发的劳资争议和纠纷。新冠病毒感染疫情给全球经济生活带来的影响和改变不会在近期内消失，将会是长期的、深远的。我国面对全球经济下行趋势，已经提出了大力发展双循环经济的策略，在这种情况下，需要将灵活用工形式纳入劳动法的保护框架之内，既保障劳动者的权益，又满足用人单位的实际用工需求。同时，应将劳动法制度与社会保障法等相关制度有效衔接，形成突发事件的应急响应机制，使劳动法成为兼顾稳定和灵活的法律制度体系。

2. 推进民主协商发挥实效

在面对突发的公共事件和危机时，劳动法的制度规范无法涵盖所有临时化、个性化的劳动关系，在整个劳动法体系中宏观的劳动基准建构和微观的劳动合同订立不能应对劳动关系的突发变化，这就给中观的民主协商提供了发挥作用的可能性。劳资双方可以通过集体协商，形成应对新冠病毒感染疫情的应急机制，力争寻求对劳资双方利益的共同维护，最终在疫情时期形成稳定的劳动关系。政府也相当关注劳动法中的协商机制，在各

第四章　实现劳动者薪酬分配公正的权力保障机制

区人力资源和社会保障局、全国总工会等部门联合下发的《关于做好新型冠状病毒感染肺炎疫情防控期间稳定劳动关系支持企业复工复产的意见》中就明确了劳资双方协商的重要性[①]，除了保障隔离期间劳动者的薪酬给付之外，其他受疫情影响的用人单位均可以以协商的方式解决劳动者薪酬支付问题。这种薪酬协商机制可以实现薪酬给付的灵活性，通过劳动者在薪酬权益上的暂时性让步实现其工作岗位的稳定，同时避免用人单位进行大规模的停产和裁员，甚至破产。但是，必须强调，这种以削减用人单位承担劳动者薪酬给付义务为手段的集体协商，其目的是稳定劳动者工作岗位并帮助用人单位渡过难关，这种集体协商必须真实反映劳动者的诉求和意愿，否则就会变成用人单位逃避责任，侵害劳动者权益的手段和借口。总而言之，加强劳动法应对突发危机的能力，必须完善集体协商，使其真正发挥效用，发挥其稳定、协调劳动关系的制度功能。

（三）构建应急性社会保险机制

受新冠病毒感染疫情的影响，有大量劳动者由于政府的疫情防控措施，不能为用人单位提供正常的劳动，这并不是劳动者自身的原因，所以不应当由劳动者本人承担由此而产生的薪酬损失。而将这部分薪酬损失直接转嫁给用人单位也有不妥，因为各类用人单位在疫情期间也面临着巨大的利益减损。如果处理不好劳动者薪酬给付和补偿的问题，要么会导致大

[①] 2020年2月7日，各区人力和资源社会保障局、全国总工会、中国企业联合会/中国企业家协会、全国工商联合下发了《关于做好新型冠状病毒感染肺炎疫情防控期间稳定劳动关系支持企业复工复产的意见》，该意见明确了通过协商的方式，处理疫情防控期间的薪酬待遇问题。意见支持协商解决未返岗期间的劳动者薪酬待遇。在受疫情影响的延迟复工或未返岗期间，对用完各类休假仍不能提供正常劳动或其他不能提供正常劳动的劳动者，指导用人单位参照国家关于停工、停产期间薪酬支付相关规定与劳动者协商，在一个工资支付周期内的按照劳动合同规定的标准支付工资；超过一个工资支付周期的按有关规定发放生活费。支持确有困难的用人单位与劳动者协商薪酬待遇。对受疫情影响导致用人单位生产经营困难的，鼓励用人单位通过协商民主程序与劳动者协商采取调整薪酬、轮岗轮休、缩短工时等方式稳定工作岗位；对暂无薪酬支付能力的，要引导用人单位与工会或职工代表协商延期支付，帮助用人单位减轻资金周转压力。

量劳动者薪酬降低或中断，要么会导致用人单位出于压力而进行裁员，无论出现哪种情况都会造成劳动力市场的动荡，甚至引发社会危机。对此，有学者提出可以适用劳动合同中止制度。基于国家的公共卫生安全需要，政府根据《传染病防治法》制定各项疫情防控措施，必然会对用人单位和劳动者造成一定的经济损失，为了将劳资双方的损失降到最低程度，有必要设立劳动合同中止制度。① 劳动合同中止，一方面可以稳定劳动者的工作岗位，避免劳动者因疫情影响而失业，另一方面也可以缓解用人单位因薪酬支付义务而产生的压力。劳动者在劳动合同中止期间属于一种"失业"的状态，直到劳动合同继续履行。劳动合同中止制度是为了降低疫情对劳资双方的影响而采取的应急性措施，对于防止劳动者大规模失业、稳定就业岗位具有重要意义。为此，需要将该制度与我国现行的社会保险制度相衔接，寻找两种制度的结合点，通过构建应急性社会失业保险机制，运用失业保险补充劳动者在劳动合同中止期间的薪酬损失，以维持劳动者在薪酬中断期间的基本生活需要。

作为国家强制类保险中的一种，我国的失业保险费主要由劳动者本人和所在用人单位共同缴纳，目的在于应对劳动者的失业风险。最初失业保险的功能只是对失业劳动者进行救济，但是随着市场经济的发展，失业保险的功能逐渐丰富，对劳动者提供了多元化的保护，已不仅是原有的生活保障，更多地体现出预防失业和促进就业的功能。基于此，可以将失业保险与劳动合同中止制度建立起衔接，由于疫情的影响而导致的劳动合同中止并不是出于劳动者的自身意愿，这符合我国《社会保险法》第45条的规定②，可以将此种情况认定为失业，在劳动合同中止期间的劳动者可申请失业救助金。纵观发达国家的失业保险制度，在疫情期间发挥了充分且良

---

① 侯玲玲：《防疫停工期间企业工资危险负担问题及解决方案》，《法学》2020年第6期，第139页。
② 《社会保险法》第四十五条规定：失业人员符合下列条件的，从失业保险基金中领取失业保险金：（一）失业前用人单位和本人已经缴纳失业保险费满一年的；（二）非因本人意愿中断就业的；（三）已经进行失业登记，并有求职要求的。

第四章 实现劳动者薪酬分配公正的权力保障机制

好的作用。2020年3月,全美国首次申请失业救济的劳动者为664.8万人,一个月后,这个数字增加到2200万人。到2020年8月,美国政府已经为超过3000万劳动者提供失业救济。[①]我国政府在此方面也做出了巨大努力,截止到2020年3月份,全国各级政府已向230万名失业劳动者发放失业保险金93亿元[②],但是与同期的失业人数相比[③],可谓杯水车薪。由此可见,在疫情时期和相当长的后疫情时期,建立应急性社会保险机制十分必要。应在劳动者薪酬保障领域构建将劳动合同中止与失业保险相结合的应急处理机制,以期达到既保障劳动者基本生活,又稳定就业的目的,尽力降低政府的疫情防控措施对劳动者和用人单位的不利影响。

---

① 参见《失业救济申请连续20周破百万,美国复工在新冠疫情打击下步履维艰》,载于https://baijiahao.baidu.com/s?id=1674557255390675678&wfr=spider&for=pc,最后访问日期:2020月8月20日。

② 参见《疫情期间如何申领失业保险金,人社部最新消息来了》,载于https://news.vobao.com/article/975864934675889852.shtml,最后访问日期2021年3月30日。

③ 根据统计局相关数据,2020年4月份我国城镇就业人数是4.23亿,同期调查失业率为6%,也就是说失业人数是2700万。值得注意的是疫情期间,大量劳动者没有失业,但也没工作,这些劳动者属于隐性失业。2020年3月份隐性失业人口一度达到7611万,失业加上隐性失业的人口更是高达1.022亿。令人宽慰的是,失业和隐性失业人口的急剧增加,是疫情冲击的结果,一旦生产恢复,形势就会很快好转。事实上,隐性失业人口到4月已经下降到1480万。参见《余永定:失业加隐性失业人口一度达1亿,疫情下2020年中国经济怎么走》,载于http://finance.ifeng.com/c/7xhbcdtk8K8,最后访问日期2021年4月10日。

第五章　实现劳动者薪酬分配公正的权利实现机制

第一节　实现劳动者薪酬分配公正的权利观

一、人本理念下的权利观

20世纪70年代末,人本理念首次与人力资源管理相结合。在人本理念的感召之下,发达国家的雇主立足于劳动者的贡献与需求制定薪酬分配体制,以激励劳动者的工作热情。人本理念充分肯定劳动者对用人单位的重要作用,强调用人单位要重视人、激励人、留住人。然而,我国一些用人单位还没有充分认识以人为本的薪酬分配理念的重要性,在劳动者薪酬分配方面并没有充分重视、肯定劳动者的价值。人本理念提出,人是所有事物与活动的根本,应当提高人的主动性与积极性,进而实现人的全面发展。主要内容包括:一是人是社会财富的创造者,是生产力的首要因素,在各项生产活动中必须调动人的积极性、主动性和创造性;二是一个社会想要发展,应当将尊重人、关心人、解放人和发展人作为其关键目标,而一个社会想要高速健康发展,就必须将尊重并实现人的全面发展作为全社会发展的追求目标;三是在治理社会时坚持以人为本的理念,人是"具体"的人,既是治理的主体,又是治理的客体。

（一）宏观视角下发挥人本理念在薪酬分配中的作用

近些年,我国收入结构两极分化的状态有所加重,而中国作为社会主义国家,这一现象无疑是有悖社会主义本质要求的。因此,应当建立更加具有科学性的收入分配机制,提升收入分配制度的完备性。我国政府一直重视发挥"以人为本"理念在劳动者薪酬分配中的作用,从"十二五"开始就持续关注民生,关注劳动者薪酬分配,在政府宏观经济政策调控方面做出了政策和法律努力。首先,政府通过宏观政策促进科学、合理的分配制度建设。主要是以立法的方式对薪酬分配机制加以规范,在初次分配由市场起决定性作用的前提下,通过税收制度充分发挥再分配领域对收入差距的调节作用。其次,将政府的宏观调控政策渗入到各个用人单位的管理制度体系中,建立公平合理的组织氛围。美国心理学家亚当斯在公平理论中指出,劳动者报酬分配问题既是理性的问题,也是非理性的问题,因为存在着都社会比较的价值判断,无论分配手段多么科学,也不能让所有的劳动者都能感受到公正。[①]所以,社会氛围的改良也是推进薪酬分配公平的必要手段。薪酬分配公正的实现并不能采用一刀切的方式,需要通过公共的社会氛围进行调节,使劳动者不仅能够通过劳动活动获得收入,还能增强主人翁的自我认知,感受到自己对所在单位的贡献,获得另一份"心酬"。

(二)微观视角下发挥人本理念在薪酬分配中的作用

用人单位应当将人本理念全面贯彻于本单位的薪酬分配制度之中,依照这一理念优化本单位薪酬制度。

首先,应当将人的概念作为用人单位一切活动的指导理论,并通过价值创造、价值评价和价值分配三个方面建立起对劳动者的评估系统。这一评估系统能够以科学的方式对劳动者所创造的价值类型、价值规模等进行明确判断。用人单位或以能力为标准、或以素质为标准、或以贡献为标准,以自身的发展状况为基础,制定合理的薪酬分配制度。

其次,重视利润分享,做到劳动者与用人单位共享共赢。用人单位所创造的剩余价值是在资金、土地、人力等多项生产要素的共同作用下获得的。随着现代化管理理论的普及与发展,越来越多的用人单位对本单位人

---

① [美]斯塔西·亚当斯:《社会交换中不公平》,商务印书馆2008年版,第69页。

力资源这一要素的重视程度有所提高，尤其是掌握核心技术、市场中稀缺度较高的劳动者，他们之于用人单位的发展所发挥的价值愈发显著。用人单位应当对自身的人力资源进行深入调查和评估，并以此对利润的分配结构进行优化，尽可能保护更多劳动者，尤其是高级劳动者的权益。

再次，以灵活性、多元化的福利为劳动者提供切实的劳动保障。作为劳动者薪酬的重要组成部分，用人单位发放福利可以提高了劳动者的工作热情，激发劳动者的积极性和主动性。当今的劳动者，分层现象明显，需求层次多元，工作的动机和对自身未来发展的期望也不同，用人单位要考虑自身的实际能力，本着尊重劳动者需要的原则，制定多元化、灵活性、多层次的弹性福利制度。目前我国倡导的企业年金制度就是出于这种考虑。坚持以人为本的价值理念，由劳动者和用人单位共同出资，实施年金计划，提前谋划和保障劳动者的生活与发展需求，提高劳动者的积极性和忠诚度。

最后，提高劳动者的主动参与意识，真正实现薪酬集体协商。劳动者与用人单位依照相关程序，在平等的状态下进行协商，并就薪酬分配等问题达成一致，签订集体协商协议，这是集体协商制度所追求的目标。薪酬集体协商能够缓解劳动者在薪酬分配中的弱势地位，有效避免劳资矛盾的产生，提升劳动关系的稳定性。

二、劳资共赢理念下的权利观

长期以来，劳资双方作为一对利益矛盾体而为人所认知，在涉及薪酬分配问题时，看到的往往是劳资双方的博弈关系及劳资双方的利益存在的反向逆差。换言之，如果资方利益提升，就代表劳方利益必定下降，这样的劳资双方不是合作关系，而是冲突关系，结果会导致劳资利益同时受损。马克思主义认为，任何事物都是矛盾的对立统一体，劳资双方之间也是矛盾的共同体，双方的利益既对立又一致。随着市场经济的发展，劳资双方利益的一致性表现得越来越明显。现代劳资关系理论明确要着眼于劳

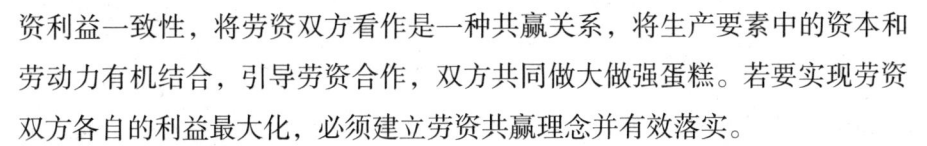

第五章 实现劳动者薪酬分配公正的权利实现机制

资利益一致性,将劳资双方看作是一种共赢关系,将生产要素中的资本和劳动力有机结合,引导劳资合作,双方共同做大做强蛋糕。若要实现劳资双方各自的利益最大化,必须建立劳资共赢理念并有效落实。

(一)劳资利益共同体的人性基础

休谟认为没有任何一种形式的科学可以完全脱离人性而存在。一切学科,不管在形式上与人性存在多大的差异,最终都会回归到人性问题之中。①对于现代经济社会出现的劳资关系来说,是属于利益矛盾体抑或是利益共同体,也应当从人性的层面进行分析。马克思认为人性是人的自然属性和社会属性的统一,而社会属性是人的本质属性,人性是利己和利他的统一。人的利己性在劳资利益关系中外化为双方的利益矛盾和对立,人的利他性又使劳资双方在劳资利益关系上存在共同利益,成为利益共同体。人的本质是一切社会关系的总和,人无法在脱离其他人的状态下在社会中生存。在利己的同时,人必须利他,人与人组成的社会共同体才能共生共荣。

共生现象是指各种生物在生物界中的通过各种物质展开联系而形成的一种相互依赖的生存关系。随着社会的发展,人类逐渐发现这种共生现象并非生物界所独有,在人类社会领域也普遍存在。从哲学领域的角度看,共生是指在自然之间、人类之间以及人与自然之间形成的一种相互依存、和谐统一的命运关系。②从社会学的角度看,人类想要在社会中生存就必然要采取共生这一形势。在以社会分工为基础的社会化大生产条件下,人类无法以个别的、分散的形式孤立生活,人需要有属于自己的某种共同体,也只有在共同体中才能得到生存与发展。共同体之间若想共生共存,必须相互依赖。如果无法"共生",任何共同体都将不复存在,小到个人家庭、大到国家社会。失去共同体中的任何一方,其他各方都难以发展,甚

---

① [英]休谟:《人性论》,关文运译,商务印书馆1980年版,第7页。
② 陈乃新:《经济法理性论纲——以剩余价值法权化为中心》,中国检察出版社2004年版,第176页。

至无法生存。①

从人性的层面看,共生是人性中利他性的一种表现,共生最基本的内容为合作参与与利益共享。其中,合作参与是指共同体的任何一个成员都有权通过某种方式,积极加入共同体的生产、经营、决策和管理中,与共同体的其他各方共融共生,使共同体的利益最大化。在这种情况下,没有任何一个社会个体可以在资源上占据优势地位,共同体的一切利益都将由每一个个体所共同享用,所有个体都能够在共同体中实现共同的生存与发展。

(二)劳资双方的"共生"

在市场经济条件下,用人单位作为社会生产的一种组织形式,是由人力资源与物力资源共同组合的整体。马克思指出,无论在什么年代,劳动者与生产资料都是生产要素的重要组成部分,而付出劳动的一方以及掌握资料的一方将构成紧密的关联关系,任何一方都需要依赖于另一方而存在,这就体现了劳资双方的共生。

首先,劳方和资方相互依赖,互为存在前提。早在18世纪,穆勒就论述了这种劳资双方的共生关系。马克思就此展开进一步论述,他认为,资本存在的必要前提是工人阶级的存在,虽然他们除劳动能力以外一无所有,但是资本家没有雇佣工人就无法生存。在社会生产中,资方是资本的提供者,劳方是劳动力的提供者,只有这二者紧密结合才能完成生产。劳资双方的共生关系体现在资本家无法离开工人,工人也不能离开资本家。

其次,劳资双方分别具有利己性和利他性,且二者统一。从资方来看,利己性表现为时刻追逐利益最大化,努力实现资本增值,从劳方来看,利己性表现为获得维持自身基本生活需要的同时,不断追求更高的薪酬水平。可见,在薪酬分配领域,劳资双方存在着不同的利益诉求,但共生的理念可以使劳资双方达到共赢。若在薪酬分配中,资方无视劳方利益,某种程度上会损害劳动者的生产积极性、主动性和创造性,不利于用

---

① [日]尾关周二:《共生的理想》,卞崇道等译,中央编译出版社1996年版,第132页。

人单位生产发展，导致用人单位生产效率下降，会损害资方利益。如果劳方无视资方利益，一味要求不合理的薪酬待遇，也将会损害资方的投资积极性，不利于用人单位的可持续发展。只有将两方利益进行统一，实现资本和劳动力的有机结合，促进双方自身利益的增加，才有利于用人单位整体的长远发展。

第二节 实现劳动者薪酬分配公正的权利支撑

一、群体公正的实现——劳资共决权

我国《劳动合同法》对用人单位劳动规章制度的民主共决问题提出了明确要求。劳动者享有的劳资共决权的内在要求包括"参与"和"平等"两个核心理念，这也是劳资共决权在劳动者薪酬分配公正中的体现。首先，制定薪酬制度之前，用人单位应当以会议的形式，邀请所有劳动者或部分劳动者代表参与，提出劳方关于薪酬的期待和诉求。其次，用人单位与劳动者代表经过平等协商后制定本单位的薪酬分配方式。

随着我国市场经济体制的不断完善与发展，劳资共决权越来越集中地体现在劳资双方的集体协商上。对于集体协商的先进经验，业界较为认可和推崇的是"武汉经验"。

武汉市首先以餐饮行业为突破口，推行行业薪酬集体协商。资方代表的产生是以武汉市餐饮协会为基础，该协会有直属的成员单位400余家，在行业内部具有一定的代表性和影响力。政府通过餐饮协会推荐和用人单位自荐的相结合的方式确定了参加薪酬集体协商的资方代表。劳方代表的确定是经过用人单位和行政区的推荐，在武汉市为此次薪酬集体协商专门成立的政府领导小组的严格审核下而产生，劳方代表均具有较强的维权意识、法律知识和协商能力。劳方代表共9人，在完成媒体对社会的公示后确定。在协商前，武汉市总工会走访了100多家餐饮企业，进行了600次调查问卷，并将针对餐饮行业11个工种的薪酬指导价直接带入集体协商。协

商过程中劳资双方充分表达意见，大小会议共举行了一百余次，每一点进展都向社会公开，堪称是"马拉松式的薪酬集体协商"。最终在劳资双方和政府的共同努力下，武汉市于2011年4月23日公布了我国首份餐饮行业的薪酬集体协商合同。合同中规定餐饮行业的最低工资标准不得低于武汉市最低工资标准的130%，在市区内的餐饮行业劳动者，最低工资为每月1170元，在市区外围工作的餐饮行业劳动者，最低工资为每月975元。为餐饮行业中10类典型岗位的劳动者规定了不同的最低工资标准，针对性很强。各餐饮企业要根据自身的经济效益，为劳动者提供一定比例的劳动者薪酬增长。在劳动者试用期期间和劳动者因病无法正常提供劳动时，薪酬的发放应不低于全市最低工资标准的80%。合同中还对劳动者的工作时间做了明确的规定，每天工作不超过8小时，每周工作时间不超过40个小时。武汉市的这份餐饮行业薪酬集体协商合同涉及了本市的45万该行业劳动者，影响巨大，对于该行业的劳动者权益保护发挥了积极作用。

在餐饮行业的薪酬集体协商取得重大进展后，武汉市又在2014年开始尝试建筑行业的集体协商。建筑行业与餐饮行业的特点不同，建筑企业在武汉市分布不平衡，无论是用人单位的数量、规模、资质方面都存在很大差距，继续推行餐饮行业的集体协商模式就会出现意见难以统一、协调范围过大、缺乏针对性和可操作性的问题，所以武汉市针对建筑行业的特点，采用了各区根据自身情况进行"多点"协商，以点概面，逐步实现全市覆盖的模式。针对建筑行业的集体协商同样取得了成绩，不但该行业劳动者的计件薪酬和计时薪酬标准达成了一致，同时对整个建筑行业的11个工种的计时和计件薪酬标准进行了明确规定，而且出台了整个武汉市建筑行业的最低工资标准。武汉市建筑行业的集体协商合同已经覆盖了全市1093家建筑企业，保障了全市70余万建筑行业劳动者的薪酬基本权益。

武汉市积极推进薪酬集体协商，行业性的薪酬集体合同签订率在全国范围内居于领先地位。有数据显示，仅2018年一年，武汉市签订集体合同6217份，覆盖全市范围内74511家企业。继餐饮业和建筑业之后，武汉市又前后在旅游业、民营医院业、建材家居等行业推行了薪酬集体协商，取得了值得全国学习的成绩。

虽然武汉市的集体协商成绩斐然,但是这种集体协商在集体合同的实效、效力扩展、责权分配等方面还存在着问题,在真正实现劳动者的劳资共决权方面还有很大的提升空间。在薪酬分配领域,劳资共决权是劳动者实现群体公正的重要保障,对构建公正合理、规范有序、互惠共赢的薪酬分配体系起到推进作用。在借鉴和推广武汉经验的同时,必须完善相关机制,才能使劳资共决权成为劳动者的真实权利,为劳动者薪酬分配公正的实现发挥现实作用。

(一)劳动者的实质性参与

"参与"这一概念最早被应用于政治学范畴,强调的是如果某个政治活动会对个体的利益造成影响,就必须允许个体参与到政治活动之中。后被引入企业管理当中,国外称为"产业民主",我国则称为"民主管理"。民主管理的基本要义是,劳动者作为一种重要的生产要素在用人单位中享有参与权,参与用人单位的资本构成、管理决策和利润分成。从劳动法理论来看,劳动者参与劳动是一项基本权利,在劳动的过程中能够保护其他合法权益的实现;从公司治理理论来看,劳动者作为重要参与者,对用人单位的各种经营活动享有参与权、对剩余价值分配享有占有权,劳动者参与本单位关于薪酬分配相关制度的制定可以提高劳动者的积极性和满足感。具有实质内容的劳资共决是制定以合意为导向的劳动者薪酬分配制度的重要环节,也是劳资共决权的内在要求。

劳资共决权实现的基础是实质性参与,劳动者的有效参与是实现薪酬分配公正的重要保障,有利于合理制定符合程序正义价值的用人单位薪酬分配制度。劳资共决权要求的民主程序是一种实质性参与,要求劳资双方充分表达各自意志。[1]特别对整个劳动者群体而言,劳动者的民主参与权就是保证其在参与用人单位各项事宜中可以顺畅表达意愿并与单位形成合意,最直接的表现就是劳动者参与用人单位薪酬分配相关制度的制定。

---

[1] 沙占华:《工资共决制度构建的困境与出路》,《现代经济探讨》2010年第11期,第29页。

（二）劳资双方的平等

《劳动合同法》规定制定薪酬分配制度方案应当采取平等协商原则。平等协商的首要前提是参与协商的双方在地位上平等、在力量上对称，体现在用人单位和劳动者之间进行的集体协商上，就要求双方可以在地位对立、力量平衡、信息掌握和谈判程序环节等方面做到平等公正。从现实来看，劳动者的从属性导致劳资双方难以处于平等地位，因为零散的劳动者在任何方面都无法与资金雄厚的资方相比。因此，相关法律明确要求用人单位建立工会和职工代表大会，将零散劳动者组织起来，形成群体的社会力量对抗强大的资方，实现劳资力量的平衡。

随着我国各项改革不断深入，产业间的竞争愈发激烈，市场环境也愈发多变。在这一环境下，劳动关系也在一定程度上产生了变化。我国民法体系对于产权的保护要比对劳权的保护更加广泛和周到，导致劳资双方的差距巨大，这是由以资本为核心的市场经济体制决定的。[①]但是劳动法体系与之正好相反，它将劳权关系作为其核心，保障劳动者的基本权益。在劳动法的保护下，劳资双方的地位更加平等，劳资冲突有所缓解，可以说劳资共决就是劳动法所努力的方向。劳资双方求同存异、合作共赢是未来发展市场经济的内在要求，劳动者薪酬分配领域的劳资共决正是其核心要求。

（三）共决程序的合法性

实体正义着重强调实体内容和法律行为的公正，具体表现为劳动者合法权利是否得到保障，相关裁判的结果是否公正；程序正义更强调程序过程本身的公正，是劳动者薪酬分配制度及所在用人单位相关规章的合法性的基础。通常情况下，注重过程的程序正义被认为可有可无，这往往更多关注的是作为一种追求过程的实体正义，即所得薪酬的多少，一般不将程序的合法性作为一种考量标准。但从程序公正的角度来看，只要严格遵循

[①] 朱军：《论我国劳动规章制度的法律性质——"性质二分说"的提出与证成》，《清华法学》2017年第3期，第105页。

劳资共决，并保证薪酬分配制度制定本身的程序公正合理，那么薪酬分配的结果必然是公正的。

在劳资共决理念下，评判劳动者薪酬分配是否公正，主要体现在薪酬分配的相关内容是否违反劳动法有关规定，薪酬分配制度制定程序是否合法以及是否告知劳动者或者公示。对于内容是否违反劳动法有关规定和是否告知劳动者的评判标准最为直观，往往根据实际情况能很快做出判别，但对于薪酬分配制度的制定程序是否合法却难以找到评判的标准。劳资共决理念认为薪酬分配制度制定程序的合理性应由劳资双方去评判，如果在制定制度的过程中真正表达了劳资双方的合意且制定的程序符合相关法律的要求，那么制定出的薪酬分配制度就应该判定为公正合理。

（四）共决僵局的解决机制

我国劳动法仅简单规定了劳动者享有劳资共决权，但劳动者和用人单位出现分歧，劳资共决不能有效推进、陷入僵局时，劳动法并没有给出具体的解决办法。在现实中大量存在这种情况：在集体谈判过程中劳资共决权难以真正落实，劳动者代表不同意用人单位的意见，导致最后的规章制度不能生效实施，这打乱了用人单位的正常经营和管理，更会产生劳资双方发生分歧、激化劳资矛盾，影响劳动关系和谐稳定。解决上述矛盾，需要采取以下措施：一是在劳资共决权支撑下实现集体协商程度化，对于协商结果的产生采取劳资双方表决的方式并量化其表决结果，获得4/5或者2/3的绝大多数参与者同意即可生效；二是就不同意决定结果的少数劳动者进一步建立权利救济机制，这些持反对意见的劳动者可以采取先向劳动行政部门申诉，由劳动行政部门审查后，再进一步调节劳资双方之间差异，缓和劳资双方的矛盾，使劳资共决权得以实现，最终促成协商结果的顺利实施；三是通过以上方式，劳资双方依然无法达成一致的，可以采取劳动仲裁的方式解决二者之间的矛盾，应将劳资共决权支撑下的薪酬集体协商争议作为一种特殊类型的劳动争议处理。

二、个体公正的实现——同工同酬权

所谓"同工同酬"是指不同劳动者在工作岗位上从事的工作内容相同、付出的时间和精力相同，且取得的成绩相同，用人单位应当给予相同水平的薪酬。同工同酬的概念在我国劳动法体系中并没有得到明确的界定，但1994年颁布的《关于〈中华人民共和国劳动法〉若干条文的说明》针对同工同酬进行了比较具有操作性的解释，该说明以劳动法为基础，将"同工"界定为从事相同工作、付出等量劳动且取得相同劳绩。按照这个解释来理解，劳动者若想获得"同酬"，就必须满足工作、劳动量和劳绩三个方面都相同的条件。而在现实生活中，要在同一个用人单位找出工作、劳动量和劳动业绩都完全相同的两个劳动者可能性很少，或者说根本不可能。所以，这又对同工同酬提出了新的要求，在工作、劳动量和劳绩三个要素之间，是否应该有所侧重，是否必须同时并等量满足三个条件才可以实现"同酬"。

随后出台的《劳动合同法》对"同工同酬"进行了补充和完善，使之有了更加准确的界定，将"同工"的范围扩大到"同类岗位"或"近似岗位"。《劳动合同法》同时明确指出，被派遣劳动者拥有与用人单位正式劳动者同工同酬的权利。如果被派遣劳动者所从事的岗位在用人单位内部没有完全相同的岗位进行比较，则应当以相似岗位的薪酬水平为参考，制定被派遣劳动者的薪酬。[①]该条文从反面对"同工"进行了解释，在同类岗位之间，被派遣劳动者与用人单位正式劳动者需要同工同酬，在相似岗位之间，被派遣劳动者与用人单位正式劳动者同样需要同工同酬。如此对同工同酬这一概念做出进一步明晰，大大提高了这一概念在劳务派遣领域的可操作性。2012年末，我国进一步对《劳动合同法》进行了修订，其中明确指出对于被派遣劳动者，用人单位应当以其内部同类岗位为参考，依照

---

① 参见《劳动合同法》第63条。

第五章　实现劳动者薪酬分配公正的权利实现机制

同工同酬原则，制定合理的薪酬分配制度。

对于维护劳动者薪酬分配公正，贯彻同工同酬原则具有重要意义，但由于用人单位刻意规避、劳动者力量单薄、政府监管存在漏洞等问题，劳动者行使该项权利，维护薪酬分配公正的效果还需要进一步提升。在司法实践中，劳动者根据同工同酬的规定要求用人单位兑现或者补偿薪酬差价的主张，少有得到法院支持的，原因在于对于同工同酬的界定和理解，劳动者和司法行政机关之间存在较大差异。但是基于同工同酬原则，主张劳动合同中的其他相关事宜的（比如工作时间和地点、社会保险的缴纳等），仲裁委员会或法院予以支持的情况并不罕见。

比如2013年7月由江苏省无锡市中级人民法院审理的刘某敏诉天某科技炉业（无锡）有限公司经济补偿金纠纷案就是基于同工同酬原则对用人单位规章制度中的薪酬保密条款进行合法性审查的案件。该案的基本案情是：2009年4月刘某敏进入天某公司工作，工作岗位是电子调试。2012年1月刘某敏与天某公司签订了无固定期限劳动合同，工资为每月4567.3元。2012年4月12日，刘某敏等7名员工采取联名上书的方式，向天某公司提交了加薪申请书。2012年4月16日，天某公司做出决定，对此次联名申请加薪的主要组织者刘某敏予以开除，其他6名员工给予严重警告。刘某敏认为，本人在被公司通知开除前，并未受到任何公司的警告或者记过等行政处分，天某公司仅以自己和6位工友联名申请加薪为由就将其开除，处于非法解除劳动关系。天某公司认为，在公司的员工手册中明确规定员工不得相互打听、攀比个人的薪酬情况，违反者，公司一律按除名处理。刘某敏等人联名申请加薪已经违反了相关规定，且严重影响公司的正常生产秩序。对于开除刘某敏的决定，公司经过了经理部和职工代表大会的同意。该决定依据合法、程序合法，因此不属于非法解除劳动合同。2012年5月15日，刘某敏向无锡市锡山区劳动人事争议仲裁委员会申请冲裁，要求天某公司支付非法解除劳动关系的双倍经济补偿金31971.3元，以及非法解除劳动关系到仲裁生效之间的经济损失9134.6元。2012年6月27日，仲裁委员会做出裁决，对刘某敏的请求不予支持。刘某敏随即向无锡市锡山区人民法院提起诉讼。2013年3月13日，江苏省无锡市锡山区人民法院做出判决，天某公司支付刘某敏经济赔偿金27256.46元。宣判后，天某公司提出上诉。2013年7月5日，江苏省无锡市中级人民法院做出判决，驳回天某公司的请求，维持原判。

这个案件的要旨就是将同工同酬作为一个基本的分配原则，用人单位可以根据自身的具体情况制定内部的薪酬分配规章制度，但是不能与同工同酬相抵触。劳动者的薪酬分配要遵循按劳分配原则，实行同工同酬，这是《劳动法》及《劳动合同法》的基本要求，天龙公司制定的所谓薪酬保密规定不符合这一基本要求。因为薪酬公开是实行同工同酬的前提，违反这一前提的公司制度不具有合法性，不能作为法院审理的依据。同工同酬对于维护劳动者的权益，尤其是薪酬分配公正的权益具有积极作用，但在现实中，同工同酬更多地被看作一项法律原则，用人单位仅需要在同工同酬原则的指导下制定相关分配制度即可，但作为劳动者主张薪酬分配公正的现实权利时，同工同酬的实际操作性不强。若要将劳动者的同工同酬权落到实处，还需要构建和完善相关权利的运行机制。

（一）为同工同酬类诉讼开辟便捷途径

20世纪90年代出台的《企业劳动争议处理条例》对个别劳动争议的解决办法加以明确，这对形成今日的劳动争议处理程序机制起到了基础作用。《劳动法》第九十四条将"仲裁前置"上升于法律层次，进一步确定了我国劳动争议"先裁后审，仲裁前置"的处理程序。这种处理程序有其自身的特点，一是当劳动争议发生时，是裁是审，并不由当事人自愿选择，这不符合民法中的意思自治原则；二是仲裁委员会的性质比较特殊，它并不属于司法机关范畴；三是针对劳动争议做出的仲裁，已经具有法律约束力。不过，针对"仲裁前置"的处理程序是否真正适合劳动争议领域的这一问题，学界尚未得出统一的答案。伴随着社会主义市场经济体制的深化改革，仲裁机构所固有的缺陷需要加以更正，以同工同酬为诉求的薪酬分配劳动争议的处理也需要进一步完善，实行"先裁后审"的明显弊端也日益暴露，需要探索改革措施。同工同酬类案件中，劳动者维权需要经过仲裁、诉讼的一系列程序，既烦琐又耗时，还要受到相关部门的工作效率的影响，由此可见，保障劳动者同工同酬之路任重道远。

目前，学界较一致的意见是将"仲裁前置"的处理程序调整为"或裁或审"模式，这不仅体现了当事人的自治，也充分体现了劳动争议处理的一种快捷性要求。对于有关同工同酬的劳动争议，这种或裁或审的模式可以大大缩短争议处理时间，提高劳动争议处理效率，对用人单位和劳动者来说都是最佳选择。[①]这种模式不但可以充分尊重当事人的意思自治，让劳动者在保护自身权益的过程中获得更多程序选择上的自由，也可以缓解固定程序导致的压力，从根本上切实维护劳动者同工同酬的权利。

（二）创建同工同酬类集体诉讼程序保障机制

根据《中华人民共和国劳动争议仲裁调解法》（简称《劳动争议仲裁调解法》）的规定，如果发起请求的劳动者数量多于十人，可以在内部选择负责人，代表其他劳动者参与调解、仲裁或诉讼活动。在司法实践中，普遍采取的方式是运用已经较为成熟的个别劳动争议处理机制来解决同工同酬类案件的集体诉讼，裁判部门通常会将集体劳动争议案件拆分成单个劳动诉讼案件进行处理。随着此类集体争议案件的增多，有必要建立科学的集体诉讼机制，并不断在实践中进行优化和改进。集体诉讼可以打破同工同酬类案件效率低下的局面，真正保障劳动者的合法权益。切实把《劳动争议仲裁调解法》的第七条[②]规定落于实处，对于同工同酬类案件中具有共同请求，且实际身份相同的劳动者进行集体立案，通过劳动者推举出的代表完成诉讼，保证同工同酬集体争议案件诉讼工作的公平与效率。

邱某等九人向河南省劳动争议仲裁委员会申请仲裁的劳动争议案可以为同工同酬类案件的集体诉讼提供一些参考。邱某等九人自1988年至1991

---

① 王天玉：《劳务派遣的规制重点与法律对策——兼评〈劳动合同法〉的修订》，《社会科学研究》2013年第5期，第115页。

② 2008年实施的《劳动争议仲裁调解法》第七条规定：发生劳动争议的劳动者一方在十人以上，并有共同请求的，可以推举代表参加调解、仲裁或者诉讼活动。

年间分别来到某大学第一附属医院工作。到2003年12月31日截止的时间段内，某大学第一附属医院一直不间断地与九人签订劳动合同。在2003年9月前，邱某等九人在某大学第一附属医院一直享受与同科室、同工种、同岗位工作人员相同的工资待遇和福利保险等。2003年9月后，某大学第一附属医院前后停发或者减发了这九人的工资，停缴了医疗保险金。因此，邱某等九人与某大学第一附属医院发生了劳动争议。河南省劳动争议仲裁委员会受理了邱某等九人的申请，并于2004年4月28日作出裁决：某大学第一附属医院应与邱某等九人签订无固定期限劳动合同；某大学第一附属医院应当恢复九人与同科室、同工种、同岗位、同职级工作人员同等的薪酬保险福利待遇，并补发2003年9月以来减发或者停发的部分；某大学第一附属医院应补缴邱某等九人2003年9月以来的医疗保险金。某大学第一附属医院不服裁决，向河南省郑州市二七区人民法院提起诉讼，法院于2004年6月30日作出判决：原告某大学第一附属医院于判决生效之日起恢复被告邱某等九人与同科室、同工种、同岗位、同职级人员同等的工资保险福利待遇，并补发自2003年9月以后减发的部分；原告于判决生效之日起30日内补缴自2003年9月以来的医疗保险金（以医疗保险经办机构计缴款额为准）。对于被告提出的与原告签订无固定期限劳动合同的请求，法院没有予以支持，明示应在双方协商的基础上自行决定。

三、现实公正的实现——劳动报酬请求权

劳动权具有丰富的内涵，可囊括工作权、报酬权、休息权、社会保险权等等。在广义上，劳动权指劳动者在进行劳动的过程中所拥有的多种权益，这些权益都属于人权的范畴。劳动报酬权属于劳动权的一个下位权利，对其进行更为细致的界定，应包括劳动报酬协商权、劳动报酬请求权和劳动报酬支配权。

劳动报酬协商权指的是劳动者拥有和用人单位共同经过协商，制定薪

酬分配方式和方案的权益。①这种权益的实现路径主要有两种：第一种为个人协商，第二种为集体协商。集体协商的方式比较常见，是指在法律规定的框架内，劳动者代表和用人单位围绕薪酬制度以及相关问题开展协商，并签订协议的过程。②我国政府规定了最低工资标准，劳动者与用人单位协商确定的薪酬标准不能低于当地政府所规定的最低工资。另外，如果用人单位和劳动者进行过薪酬集体协商，那么用人单位支付给个别劳动者薪酬的水平不能低于薪酬集体协商中的薪酬标准。

劳动报酬请求权在性质上属于优先受偿权，在传统民法中被归入物权范畴，具有法定性。在为用人单位付出劳动的情况下，劳动者有权请求用人单位支付薪酬，这种薪酬的支付应当按时并足额，这种权利与债权相比具有优先性。如上文所述，一般情况下劳动者维系生存的物质来源是劳动所得的薪酬，薪酬之于劳动者而言，具有保障基本生活的功能。因此通过法律制度确保劳动者获得薪酬的权利是保障劳动者的基本人权的基本途径。在劳动者请求支付薪酬的关系中，劳动者的身份是债权方，而用人单位则为债务方，债务方应当优先清偿劳动者的薪酬债务。

劳动报酬支配权具有民法物权的属性。薪酬是劳动者的合法劳动所得，劳动者拥有对其进行自由处置的权益。从人类历史上看，凡具有劳动能力的劳动者都拥有获得劳动成果和劳动报酬的权利，这是劳动者的生存需要，也是保障劳动者基本人权的需要。劳动报酬支配权体现了劳动者薪酬分配公正的需要，也体现了整个社会公平正义的需要。

对于劳动者薪酬分配公正的实现，劳动报酬请求权具有重要价值。首先，劳动者维系生命和基本生活的手段是劳动，作为生存和发展的经济来源和物质基础，只有获得足够的薪酬，劳动者的生存权才能得以实现。要保障劳动者的生存权就必须保障劳动者的劳动报酬请求权。对劳动报酬请求权进行细化，可以分为以下几类：一是劳动报酬支付请求权，即劳动者

---

① 国家发改委社会发展研究所课题组：《我国国民收入分配格局研究》，《经济研究参考》2012年第21期，第64页。
② 参见2000年11月18日劳动和社会保障部令第9号《工资集体协商试行办法》第三条。

享有向用人单位要求支付薪酬的权利；二是劳动报酬续付请求权，是指如果劳动者由于身体健康等原因，导致短期内没能提供正常劳动，则劳动者有权请求用人单位继续支付其薪酬；三是劳动报酬违约损害赔偿请求权，是指在用人单位违反薪酬支付义务时，劳动者有权继续要求其支付应付而未付的薪酬。这三项权利紧密连接，对分配公正意义下的劳动者薪酬保护形成了一个逻辑严密的有机整体。

其次，从劳动报酬请求权的救济途径看，目前我国对其的保护主要通过《中华人民共和国民法通则》（简称《民法通则》）第106条的规定，即用人单位需要承担违约责任。[1]这里的"违约责任"，是指合同当事人没有依照合同约定履行自身的义务，而需要承担的法律责任。[2]事实上，劳动报酬请求权这一权益具有实体性，既可以通过诉讼方式，也可以通过非诉讼的方式来行使。如果这一权益受到侵害，劳动者可以采取诉讼和非诉讼等多种方式进行权益维护。在薪酬争议中，通过司法途径追究用人单位的违约责任，强制其履行义务是劳动者比较常用的一种维权手段。但通过诉讼的方式追究用人单位的违约责任，只是保护薪酬分配公正的一种方式，而不是唯一的方式。追究用人单位的违约责任需要满足严格的条件，而且诉讼程序复杂、耗时过长、经济投入过大。因而，确立劳动报酬请求权，只要有侵害劳动报酬权的行为存在，劳动者就有权要求用人单位支付薪酬，不需要经历烦琐的诉讼程序，这对劳动者薪酬分配公正的保护会更加简便和及时。

最后，著名法学家梅迪库斯明确提出：私法不能只是依靠权利手段。要使某个人负有的义务在私法上得到实现，最有效的手段就是赋予另一个人享有一项相应的请求权。[3]确立劳动报酬请求权，保障在薪酬分配中劳动者权利的行使和用人单位义务的履行，需要强调劳动者本人的主体作用。

---

[1] 《民法通则》第106条规定："公民、法人违反合同或者不履行其他义务的，应当承担民事责任。"

[2] 崔建远：《合同法》，法律出版社2004年版，第231页。

[3] [德]迪特尔·梅迪库斯：《德国民法总论》，邵建东译，法律出版社2001年版，第65页。

第五章 实现劳动者薪酬分配公正的权利实现机制

从劳动法关于薪酬分配的相关规定不难看出，立法是以用人单位的义务为出发点来制定的，具体言之，这些义务包括：用人单位通过雇佣劳动者进行生产，从而获得相应的剩余价值，在这个过程中用人单位支付的工资应该大于最低工资标准；企事业单位在结算工资的过程中应该将劳动者所得按照货币的方式支付给劳动者，不能够无故拖欠；如果用人单位损害了劳动者的权利，劳动部门可以责令其立即整改，支付劳动者应得报酬，甚至可以对用人单位进行处罚等等。这些规定虽然在客观上保护了劳动者的权益，但是并没有凸显出劳动者的主体权利。法律规定国家通过劳动监察等手段对劳动者劳动报酬权进行保障，这是将劳动报酬请求权作为人权的角度进行考察。如果将劳动报酬请求权作为私权来考察，则需要注重用人单位履行义务的情况，以及劳动者薪酬权益受到用人单位侵犯时要求劳动保障行政部门处理或提起诉讼的情况。将劳动报酬请求权作为私权进行保障是薪酬分配公正实现的应有之义，但我国劳动法体系的相关规定并不明确，导致把该项权利的保障与相关劳动监察部门的履职情况相挂钩，监察部门的怠慢拖延会直接导致劳动者报酬请求权得不到有效的保障，这是不应出现的现象。为此，在劳动者薪酬分配问题上需要注重从国家本位转向劳动者本位，无论政府是否对用人单位进行监督和制裁，劳动者均能够根据实际需要自主行使报酬请求权，通过某种合法途径保护自己的权利，这将有利于劳动者薪酬分配公正的法律实现。

劳动者行使劳动报酬请求权是其薪酬分配公正实现的最重要环节，薪酬如何分配只是过程公正的问题，只有劳动者实际获得了相应的薪酬才真正实现了结果的公正。近些年，劳动者的劳动报酬请求权越来越受到社会的广泛关注，尤其是在《中华人民共和国刑法修正案（八）》（简称《刑法修正案（八）》）中增加了"拒不支付劳动报酬罪"后，出现了大量的诉讼案件。其中，最高人民法院公布的两起拖欠劳动报酬典型案件和第28号指导案例最具有代表性。

其一：王某生拒不支付劳动者劳动报酬案。2010年6月，葫芦岛市A建筑工程有限公司与某集团签订合同，由A建筑工程有限公司负责承建该集团名下的某小区住宅楼工程。王某生作为A建筑工程有限公司的项目责任人，负责承建该小区的第15号住宅楼。在2011年10月，该小区住宅楼工程交工之前，王某生前后雇用了力工刘某、水暖工田某某、瓦工满某某、散水工乔某某、外墙工于某某等人进行施工作业。在此期间，A建筑工程有限公司先后向王某生支付了建筑工程款230余万元，这笔钱以转账或者现金的形式，分20余次支付给王某生，并未出现拖欠的情况。但是在施工期间和工程结束之后，王某生却以各种理由拒绝支付其雇佣的劳动者薪酬，甚至更换联系方式，逃避劳动者的还钱要求。根据葫芦岛市龙港区人力资源与社会保障局劳动监察大队的调查，王某生共拖欠劳动者薪酬50余万元。2014年1月13日，劳动监察大队下达了《劳动保障监察责令改正决定书》，责令A建筑工程有限公司支付拖欠的劳动者薪酬，截止到2014年12月，A建筑工程有限公司将王某生拖欠的薪酬全部支付完毕。葫芦岛市龙港区人民法院依照《中华人民共和国刑法》第二百七十六条之一、第五十二条的规定，判决王某生犯拒不支付劳动报酬罪，判处有期徒刑一年六个月，并处罚金人民币十万元。

其二：徐某海拒不支付劳动者劳动报酬案。徐某海分别为两家公司的法定代表人，一是1999年成立的吉林市A有限责任公司，由徐某海与林某某、崔某某共同出资成立，二是吉林市B投资有限公司，由徐某海和张某某共同出资成立。2008年11月18日，徐某海以吉林市B投资有限公司作为乙方，与甲方蛟河市盛某煤矿投资人冷某某、丙方吉林市B投资有限公司股东张某某，签订合作协议，共同改造和开采蛟河市盛某煤矿。2011年5月16日，三方签订合作解除协议，甲方和丙方退出蛟河市盛某煤矿，由乙方单独经营。截止到2011年12月，徐某海共拖欠在蛟河市盛某煤矿工作的174位劳动者共33.9万余元的薪酬。2012年8月，蛟河市劳动监察大队责令徐某海支付拖欠的劳动者薪酬，但徐某海采取逃匿的方式拒不支付。这期间，蛟河市财政采取借款的方式进行薪酬补发，共计补发29万余元。另据调查，从2011年5月至2012年12月，徐某海拖欠吉林市A有限责任公司和吉林市B投资有限公司的劳动者薪酬共28万余元。2013年3月28日，蛟河市劳动监察大队责令徐某海支付拖欠的劳动者薪酬，徐某海依然采取逃匿的方式拒不支付。经吉林省蛟河市人民法院审理，徐某海拖欠蛟河市盛某煤矿、吉林市A有限责任公司和吉林市B投资有限公司的劳动者薪酬，数额较大，且收到相关部门责令后仍拒不支付，判决被告人徐某海犯拒不支付劳动报酬罪，判处有期徒刑一年，并处罚金人民币七万元。

其三：胡某金拒不支付劳动者劳动报酬案。2010年四川某天下园林工程有限公司承接了四川省双流县黄水镇的某景观工程施工项目，随后将其分包出去，胡某金为其中某一部分的分包商。从2010年12月起，胡某金开始聘用工人进行施工，施工期间四川某天下园林工程有限公司支付给胡某金相关费用51万余元。2011年6月5日该工程完工，胡某金以各种理由拒绝支付其所雇佣的劳动者薪酬，共计拖欠20余名劳动者薪酬12万余元。2011年6月9日，四川省双流县人力资源与社会保障局责令胡某金支付拖欠的劳动者薪酬，胡某金拒绝支付并于10日乘飞机逃匿。6月30日，四川某天下园林工程有限公司作为工程总承包商，为胡某金垫付了劳动者的薪酬12万余元。2011年7月12日，胡某金在浙江省慈溪市被抓获。四川省双流县人民法院认定胡某金犯有拒不支付劳动报酬罪，虽然总公司已经为其支付了拖欠的劳动者薪酬，但是并不能以此免除胡某金的刑事责任，判处胡某金有期徒刑一年，并处罚金人民币二万元。

从这三起由最高人民法院公布的典型案例不难看出，恶意欠薪对劳动者的伤害巨大，且容易引起劳动者的群体性事件。2008年以来，我国很多地区的恶意欠薪案件均呈现上升趋势，占全部拖欠薪酬案件的10%以上。被拖欠薪酬的劳动者有一些共同的特点，一是多发生在加工制造业、建筑业等中小企业中，这些企业都是劳动密集型；二是被拖欠薪酬的劳动者以进城务工人员为主，这一群体维权意识和能力均较弱，属于底层劳动者；三是被拖欠薪酬的劳动者多为非法用工，比如工程的分包个人等，非法用人形式下的拖欠劳动者薪酬占所有拖欠薪酬案件中的90%以上。《刑法修正案（八）》将"拒不支付劳动报酬罪"写进刑法，彰显了国家对于维护劳动者报酬请求权的决心，在司法实践中各级法院依法惩治个人和用人单位的拒不支付劳动报酬的行为，对于维护劳动者，尤其是底层劳动者的薪酬分配公正起到了积极的促进作用。不仅如此，国家还出台各种办法，对劳动者报酬请求权进行多角度的保护，比如国务院下发的《关于切实解决企业拖欠农民工工资问题的通知》[①]。劳动报酬请求权与劳资共决权、同工同酬权不同，它关乎劳动者薪酬的实际获得，维护了劳动者的劳动报酬请求权就维护了其真正获得薪酬的权利，是薪酬分配公正的最关键环节，关涉着现实公正的实现。

[①] 参见《国务院办公厅关于切实解决企业拖欠农民工工资问题的紧急通知》（国办发明电〔2010〕4号）。该通知明确规定，因工程总承包企业违反规定发包、分包给不具备用工主体资格的组织或个人，由工程总承包企业承担清偿被拖欠农民工工资责任。

第六章　实现劳动者薪酬分配公正的社会支撑机制

第一节　劳动者薪酬分配公正中工会角色定位及其实现

劳动关系中的"资强劳弱"是不争的事实,《劳动法》《劳动合同法》都是要通过公权力和社会权利对弱势劳动者进行保护,对强势的用人单位进行某种程度的限制。就劳动者薪酬分配问题而言,仅仅依靠公权力的外部干预并不能使劳动关系双方的力量对比达到平衡的效果,还需要通过广大劳动者团结起来的集体力量,这种集体化的劳动关系调节是劳资关系平等和劳动者薪酬分配公正的有效手段。对于劳动关系的调整,主要是通过两种法律途径来实现:一是直接制定相关法律法规,明确规定用人单位的义务并通过国家监督予以实施,切实保障劳动者合法权益;二是劳动者自发组建工会,就自身关注的问题与用人单位进行集体协商,明确劳资双方的权利和义务,实现国家指导下的劳资自治。[1]实现劳动者薪酬分配公正,也需遵循这两种途径,前者属于"公力"手段,后者属于"自力"手段。只有"公力"和"自力"相结合,在薪酬分配过程中引入多元主体参与,才能确保实现公正的要求。

工会是随着资本的不断集中和劳动者自身意识的不断觉醒而出现的一种组织形式,它的重要职责是维护劳动者自身权益。很多外国学者只赋予工会唯一的劳工属性。他们认为组建工会的目的就是为了维护劳动者的权

---

[1] 王泽鉴:《民法学说与判例研究》(2),中国政法大学出版社1998年版,第324页。

益，工会必须代表工人。但是，在中国，工会还具备其他一些职能，其角色定位并没有那么清晰。这与中国特定的国情和体制有关。

从历史上看，中国是在实行计划经济的过程中逐渐形成了颇具特色的工会体制，该体制依据政府的权威协调和弱化劳动者与用人单位之间的矛盾。在当时这种体制和定位下中国工会的作用并不单是维护劳动者的权利、为劳动者争取如薪酬之类的更大利益，而更是担当了一个维持用人单位内部稳定的组织工具。在中国，基层工会隶属于用人单位的行政建制内，具有一定的行政化功能。在20世纪50年代初，我国召开了第七次中国工农代表大会，其中明确指出工会应该保证生产、生活、教育三位一体的工作方针，并以此为基础制定相应工作内容。[①]在这一方针的指引下，如何解决劳动者的家庭困难、丰富劳动者的业余生活变成了工会的工作重点，而最原始的维权职能却被弱化，甚至消失。

20世纪后期，我国开始进行经济体制转型，政府角色开始发生转变。随着劳动力市场的发展，劳资矛盾逐渐增加，而在计划经济时期所形成的工会职能就显得越来越尴尬。面对这种局面，中国工会开始重新思考自己的定位，从此开始了"代表和维护工人权益"的回归之旅。20世纪80年代末，在北京召开了第十一次工会代表大会，这次会议上提出了以维护、建设、参与、教育为核心的工会职能。20世纪90年代，中国颁布了《劳动法》，其中也明确规定工会应该站在劳动者一方，保护其基本权益并以此为前提开展各项活动。2001年我国正式启动三方机制，从此工会在解决劳资矛盾的过程中有了自己明确的身份。2008年中国工会第十五次代表大会修改了《中国工会章程》，为了强调维权职能，直接在章程中写明了"坚持组织起来、切实维权"。上述这些努力都是工会在向着最原始的劳工属性的回归，工会"代表和维护劳动者权益"得到了法律的肯定和政府的认可。虽然维权的渠道和程序需要进一步明确，维权的效果需要进一步证

---

① 参见许之桢：《在中国工会第七次全国代表大会上关于修改中国工会章程的报告》，百度文库，https://wenku.baidu.com/view/4e874ee5bdeb19e8b8f67c1cfad6195f312be8e4.html，访问日期：2019年1月18日。

实，但这些改变已经说明了中国工会在改革的路上迈出了坚实的一步。

一、工会的角色定位

我国工会从组建之初就一直在做一些服务性的工作，比如大力宣传党和国家的新思想新政策，对劳动者进行正面引导和教育，倡导劳动者都能爱岗敬业、无私奉献；定期组织联欢联谊等活动，逢年过节发放福利，希望通过丰富的业余生活和定期福利来凝聚人心，稳定劳动者群体；积极为劳动者解决生活困难，希望通过为劳动者排忧解难，使其没有后顾之忧，做好本职工作。工会所做的这些工作不能说不对，但是时代对它提出了越来越高的要求。

计划经济时期物质生活匮乏，劳动报酬也都是平均分配的"大锅饭"，劳动者对于低薪酬、低福利的状况并没有过多不满，但是随着市场经济的发展，这种"平静"的局面很快被打破。经济快速发展带来了生活需求的多元化，也带来了人们经济意识的觉醒。生活成本的不断增加使劳动者对于薪酬的要求越来越强烈。必须指出的是，现阶段，我国劳动者的薪酬在用人单位的总体利润中占比过低，这说明普通劳动者并没有充分享受到我国经济发展的物质成果。长此以往，只会造成劳动关系中劳资双方的利益越来越失衡，劳资矛盾日益激化。近年来，随着劳动者维权意识的提升，出现了大量"提高薪酬、增加福利、带薪休假"的诉求。面对这种局面，工会应当积极履行职责，切实发挥作用，为劳动者争取更大的经济利益。

集体协商是解决劳资矛盾的有效途径，尤其是薪酬集体协商，通过协商劳动者的诉求可以更直接快速地得以反映。三方机制是为了平衡用人单位和劳动者的利益，但工会必须明确自己在其中的角色定位，它是劳动者的代言人，在薪酬协商中要坚定地站在劳动者一方，为劳动者代言。对于任何劳动争议的处理，工会都必须如此。如果劳动者对工会失去信心，他们就会放弃工会，用自己的方式维权或者寻求其他能提供帮助的社会组织,这样的维权活动很难控制在理性有序的范围内。如果一旦走向无序甚至暴力,用人单位正常的生产活动必然受到影响,社会整体的稳定都将面临挑战。虽然中国工会正走在回归之路上,但是不得不承认工会在劳动者薪酬分配过程中的角色定位仍然较为混乱,充满矛盾。工会主要承担着三种角色:维权、维序、维稳,即维护劳动者关于薪酬的合法权益,维护用人单位正常生产秩序,维护社会稳定。这三种角色分别对应着劳动者、用人单位和政府,一旦发生薪酬分配的劳资纠纷,三方诉求必然不同,工会必然面临角色冲突。

《中华人民共和国工会法》(简称《工会法》)第六条明确规定,保障工人的基本权益是工会的职责。全国总工会也同样对工会的基本职责进行了界定,提出其所承担的维稳职能,要求工会配合各级政府和有关部门,妥善处置群体性事件,其中包括集体怠工、上访等严重影响社会秩序的事件。[1]依据这些规定,工会在解决如劳动者薪酬分配等劳资矛盾时,在维护劳动者合法权益和维护社会稳定之间,只能选择后者。在劳资矛盾升级为集体行动时,工会只能选择回避。《工会法》不仅规定工会应该代表并维护劳动者权益,还规定了如果用人单位内部出现了停工、罢工等事件,工会应该协助企事业单位与劳动者进行沟通。[2]这说明工会既有维权职能,又有维序职能。在"维护劳动者合法权益"和"维护企业正常生产秩序"两个职能之间同样存在冲突。工会的角色往往不是劳动者权益的代表,而是劳资之间的和事佬,在二者之间努力协调,创造平衡。这也正是工会一直得不到劳动者的信任,关系始终疏远的根本原因。

二、工会在薪酬分配中的作用

尽管现今的中国工会承担了三种角色——维权、维序、维稳,但毋庸

---

[1] 参见《关于进一步做好职工队伍和社会稳定工作的意见》(2010年)和《全国工会维稳工作暂行规定》(2012年)。

[2] 参见《中华人民共和国工会法》第二十七条。

第六章 实现劳动者薪酬分配公正的社会支撑机制

置疑"维权"应是工会的根本任务。对于维护劳动者合法权益是工会的权利还是义务,学界一直存在争论。权利是指法律赋予权利主体作为或者不作为的许可及保障。权利可以行使,也可以放弃。义务与权利相反,义务必须履行,无权选择。从这样的权利义务内涵和性质判断,工会维权职能不宜在权利和义务定位上做出单一抉择,应该恪守既是权利也是义务的权义统一观。

虽然《工会法》的表述是"维护劳动者合法权益是工会的基本职责",在其他条款中也并未出现"必须""应当"等词语,但是出于倾斜保护劳动者的角度,"维权"应是工会的义务。如果对于工会而言,维护劳动者权益只是一项权利,那么这项权利就很有可能被放弃。如果在劳动者与用人单位之间产生矛盾时,工会放弃了这项权利,那么将无人再对劳动者进行保护,该工会也失去了存在的意义。如在劳动者薪酬分配的集体协商中,工会放弃了代表劳动者与用人单位交涉的职责,并不会导致工会自身的利益造成损失,而损失的却是劳动者要求合理薪酬待遇的利益诉求。而这并不是工会立法的初衷,所以说维护劳动者合法权益应当作为第一性义务,要求工会必须履行。

之所以强调维护劳动者合法权益是工会应尽的义务,目的在于促使工会切实履行自己的职责,在劳动者薪酬分配的问题上真正发挥作用。《工会法》明确规定了诸种工会的职责,这是工会工作的依据。在维护劳动者公正薪酬分配的问题上,工会的作用主要表现在以下几个方面。

(一)指导作用

薪酬问题是劳动者最关心的问题,也是用人单位与劳动者在建立劳动关系的初始阶段所必面对的问题。必须在签订劳动合同时明确规定双方的权利和义务,而对于初进用人单位的劳动者来说,自己的薪酬要求是否合理、如何表达,很难确定,也无法判断在自己的工作岗位上同工是否同酬。在这种信息不对等的状态下与用人单位签订劳动合同,劳动者显然处于劣势,其合法权益很难得到保障。在某种意义上,我国劳动关系中存在的薪酬分配不公多数就是在用人单位掌握绝对主导权的情况下订立劳动合同所造成的，这种"资强劳弱"的状况也是劳动者合法权益易受侵害的根源所在。为了改善这种局面，《工会法》明确规定工会应当为劳动者提供帮助，希望通过工会的帮助和指导，解决劳动者初进用人单位时最迫切的薪酬要求，避免劳动者在弱势的状态下与用人单位签订劳动合同，约定不合理的薪酬，使自身的基本生活保障受到侵害。

（二）传递作用

个别劳动者有关薪酬的诉求在用人单位系统强势的薪酬管理体系面前会显得苍白无力，劳动者通常不具备与用人单位进行薪酬分配谈判的能力，也找不到有效的途径表达意愿。工会应该收集这些零散的、个别的劳动者诉求，把它们集中起来，通过法律认可的渠道进行沟通和表达，确保用人单位充分了解劳动者的期望和要求。工会的这种传递作用，并不仅仅局限于薪酬问题方面，也不是单向的传递。对于某些用人单位作出的，可能侵害劳动者合法权益，危害劳动关系和谐的决定，在工会表达意见之后，用人单位还须做出回应。我国《工会法》明确规定，用人单位的管理者应该对工会意见认真分析，并将最终决定以书面方式告知工会。

（三）制约作用

劳资力量的不对等造成了薪酬分配领域劳动者权益时常受到侵害的事实。在劳动关系存续期间，工会要时刻发挥对用人单位的制约作用，维护劳动者获得公正薪酬的合法权益，其为工会的职责所在。

当用人单位为了自身利益而侵害劳动者的薪酬分配权益时，工会就应该帮助劳动者捍卫自身权益，并使用法律武器追究用人单位的责任。《工会法》对这一制约作用进行了明确，如果各用人单位内部存在违反相应法律法规，损害劳动者权益的事件，工会应当从劳动者的利益角度出发与用人单位交涉，要求其立即改正不法行为，同时补偿劳动者的合法权益。用人单位应该对工会的要求进行研究，并明确作出回复。如果用人单位明确拒绝，工会就可以向当地人民法院提起诉讼。《工会法》也明确规定，工会可以依照相关法律法规，对用人单位侵害劳动者合法权益的事项展开调查，相关行政部门应该给予帮助。

（四）协助作用

对于薪酬分配等劳动合同相关内容的履行情况，劳动行政部门拥有执法权。制度的落实需要时刻进行监督与管理，但是由于人员、地点等局限性，这种监督无法全面覆盖到各个用人单位，造成了不能及时发现违法行为并有效制止的局面。此时就需要工会发挥协助作用，工会作为基层群众组织，覆盖面广，与个体劳动者接触频繁，能第一时间了解劳动者的工作状态和利益诉求。只有充分发挥群众的监督能力，才能使劳动者的合法权益得到保障。《工会法》中明确规定，劳动行政部门应该与用人单位、工会建立三方协调机制，共同应对与解决和劳动者利益有关的事项。

三、工会的代表权保障

一个成熟的工会要有健全的组织形式和良好的工作机制，只有这样才能对强势的用人单位管理权形成制约，才能使劳动者的合法权益得到保护，才能使劳资双方以相对平等的身份就薪酬分配等问题进行对话与协商。面对复杂多变的劳动关系、日益复杂的劳资矛盾，工会转变传统身份、调整运行模式的力度远远不够。为了使工会真正成为劳动者的代言人，切实维护劳动者薪酬权益，必须对其代表权进行保障。

（一）确保工会的独立性

工会是否能够在用人单位的经营过程中找到正确的位置，将直接关系到工会职能的发挥。工会只有拥有独立性，不被社会和用人单位的势力所左右，才能够真正保障劳动者的权益。国际劳工组织也将工会是否拥有独立能力视为评判其综合能力的重要因素。只有工会拥有真正的谈判能力，能够在集体协商时发挥自身作用，才能真正为劳动者争取权益。[1]我国工会在薪酬集体协商中往往不是劳动者的代表，而充当的是用人单位的代言人，这正是我国薪酬集体协商大多流于形式的原因。如果工会无法完全代

---

[1] 刘泰洪：《劳资冲突与工会转型》，《天津社会科学》2011年第2期，第88页。

表劳动者表达诉求，那么随着市场经济的不断发展与完善，工会必然会面临各种挑战，最终逐渐走向衰落，被能够充分表达劳动者不满的组织所取代。①我国工会从诞生之日起就面临着独立性代表性缺失的问题，群众凝聚力弱，维权意识不强，在调节劳动关系、化解劳资矛盾的领域作用甚微。因此，要想使工会在劳动者薪酬分配问题上切实地发挥应有职能，确保工会的独立性代表性是必须解决的首要问题。之所以要明确工会的代表性，就是为了有效解决工会的立场问题。工会必须对劳动者负责，必须通过自身努力为劳动者解决实际问题。与此同时，更应该以劳动者的视角分析问题，使工会成为劳动者的代言人和保护伞。

在现行体制下，让工会退出用人单位的行政系统，完全独立出来是不太可能的，比较可行的办法是通过财务、人事上的独立来确保工会的独立性。现在的工会经费很大一部分由用人单位划拨，要做到财务上的独立必须减少这部分经费，可以用工会会员缴纳的会费、社会公益捐赠或者政府的财政援助填补缺口，尽量在财政上切断与用人单位的关联。人事上的独立会遇到更大的障碍，应然的状态是工会的领导干部需通过全体工会会员民主选举，任职或罢免由会员决定，完全独立于用人单位，杜绝由用人单位委派或任命工会领导干部。只有这样才能使工会领导干部真正对会员负责，真正成为劳动者的代表者和维护者。更理想的状态是由劳动者自行组建工会，不受用人单位行政管理系统的控制，遵照相关法律法规独立自主地开展工作，这样可以最大限度地确保工会的独立性，使其在实现薪酬分配公正问题上真正代表劳动者，维护其合法权益。

我国很多地区已经在为工会人事制度上的独立作出了有益尝试。比如辽宁沈阳和湖北黄石，都选择了工会领导干部职业化这一改革路径。职业化的工会干部最大限度地减少了对用人单位的依附性，维护劳动者权益成为他们的唯一职责。这项改革已经取得了一定的积极效果，但同时也带来了两个问题。第一，工会是群众性组织，工会领导干部也应来自群众。职

---

① Richard hyman, A Marxist Introduction, The Macmillan Press LTD, 1975, at200.

业化的干部虽然与用人单位没有依附关系，但与工会会员的联系也不存在了，很难做到深入劳动者，了解劳动者的实际薪酬状况和诉求，为劳动者维权。第二，职业化工会干部领导下的工会完全独立于用人单位，它的工作模式与政府劳动监察部门的本质相似。在劳资双方出现薪酬分配矛盾冲突的时候，这样的工会很容易变成第二个"政府"，使三方协商无法正常运行。可见，确保工会的独立性并非易事，需要继续探讨尝试。

（二）回归工会的建制本源

从某种意义上说，在市场经济中产生的劳动关系也可以被称为经济关系。用人单位与劳动者是利益不同的两个群体，有着不同的价值导向以及利益追求。劳动者与用人单位长期的利益对抗催生了工会，可以说劳动者基于自身的利益追求组建了工会，工会是代表劳动者集体权益的社会性组织。[1]在《工会法》中明确规定，工会应该是劳动者自愿加入，能够代表劳动者利益的群众组织。但是我国大量的工会并不是真正意义上的社会性群众组织，而是属于国家建制的行政机关。这和我国工会特殊的发展历程相关。如果要让工会真正代表劳动者，维护劳动者的薪酬权益，就必须回归工会的建制本源，将它从党政系统中分离出来，彻底由行政机关转变成为社会性群众组织。

工会由劳动者组成，也应该直接服务于劳动者。工会应该将劳动者的利益放在首位，通过协商的方式将利益诉求加以实现。在薪酬协商中忘记了自己建制本源的工会只会切断与劳动者的联系，越来越被劳动者疏远。[2]将自己摆在行政管理的位置上，不但解决不了劳资双方因薪酬分配而起的矛盾，使薪酬集体协商失败，更会使三方协调机制出现失衡。面对日益复杂的薪酬分配与协商问题，工会必须明确职能、回归建制，重新回到劳动者之中。在薪酬协商中发挥代表作用，为劳动者主张薪酬权益、争取更高

---

[1] 田春苗：《我国工会的性质及其法律责任》，《西部法学评论》2011年第6期，第35页。

[2] 常凯：《劳动关系的集体化转型与政府劳工政策的完善》，《中国社会科学》2013年第6期，第97页。

薪酬，不能再做"事后维权"的和事佬。只有这样，劳资之间才能出现力量基本均衡、身份接近平等的薪酬集体协商。

四、工会的维权手段保障

工会有效履行"维护劳动者合法权益"的职能，真正助力劳动者解决获得合理薪酬等最关切的问题，其手段选择和正确运用就显得十分重要。工会最主要的维权手段有两种，即集体协商和集体行动。

对于工会而言，其最为重要的工作核心便是集体协商，这也是只有人数优势的劳动者保障自身权益的最有力的手段。在调解劳动关系、缓解劳资矛盾中，集体协商扮演着重要角色，也是成熟的市场经济国家解决劳动冲突的通行办法。[1]劳动者加入工会，缴纳会费，就是为了在劳资矛盾出现时，工会可以代表劳动者在用人单位面前表达诉求，使劳动者拥有更集中、更有力的话语权。可以说，没有工会在其中发挥有效作用的薪酬集体协商不是真正的集体协商，而没有薪酬集体协商，工会存在的意义也将大打折扣。中国的《劳动法》以及《工会法》中都有明确的规定，要求工会代表劳动者的利益需求，为劳动者代言，在解决因薪酬分配而引起的劳资冲突的三方机制中也必须要有工会的参与。但是由于我国工会在职能定位上依然存在着角色冲突，很难找准自己的位置，在薪酬集体协商中并未发挥应有的作用。加之用人单位的强势和政府的错位，我国的薪酬集体协商基本徒有虚名。为了推进真正的薪酬集体协商，很多地区做了有益的尝试，通过组建行业工会，整合基层工会的力量，使工会维权的身份得到强化和保障，从而将薪酬集体协商落到实处。

在关于薪酬集体协商中，为了使协商取得效果，不仅是走走形式、流于表面，也为了更好地维护劳动者权益，最大限度地为劳动者争取薪酬待遇，工会必须做好以下两方面的功课。

---

[1] 刘诚:《集体谈判与工会代表权》，《社会科学战线》2012年第4期，第203页。

第六章 实现劳动者薪酬分配公正的社会支撑机制

首先,全面掌握用人单位对薪酬的支付能力。用人单位是否有能力支付劳动者薪酬,满足劳动者更高的薪酬要求,这一定是集体协商中的核心问题。用人单位会用各种财务数据证明自己无力支付薪酬或者无法满足劳动者更高的薪酬要求,而工会要判断这些数据的真伪并证明用人单位具备支付能力。但是,劳动关系始终就是"资强劳弱",就算由工会代表劳动者集体发声,也并不能完全与用人单位平等对话,薪酬集体协商中对于用人单位的财务状况,双方掌握的信息严重不对等,用人单位明显占有优势。所以,工会要判断用人单位是否具备支付能力,除了要求用人单位提供集体协商中所需的全部财务数据外,还可以将这三个方面作为参考指标。第一,用人单位的生产经营情况。如果正常的生产经营都进行不下去,这个用人单位在支付劳动者薪酬方面可能确实存在困难。生产经营情况是否处于正常状态不能判断,劳动者从日常的工作安排、作息时间上就能做出初步的判断。第二,用人单位税款的上缴情况。税款上缴情况能证明用人单位的利润情况,也是判断它是否具有薪酬支付能力的重要依据。工会可以从税务机关获取用人单位缴税的情况,如果状况良好就可在集体协商中作为有利证据。第三,用人单位购置设备、培训员工等方面的投入。用人单位为了创造更多的价值一定会用一部分利润来培训员工、购买设备、扩大生产等,这部分的投入势必会挤占劳动者的薪酬,但用人单位的发展也会为劳动者提供更大的平台、更多的机会和更高的薪酬。所以,工会在集体协商的时候可以适当将这部分投入从利润中扣除,这也正体现了我国集体协商的特点——以劳资双方利益共赢为导向。

其次,全面提高迫使用人单位支付薪酬的能力。在薪酬集体协商中没有用人单位会轻易满足劳动者的诉求,即使它完全具备支付薪酬的能力。[①]这种情况下,只有工会不断给用人单位施压,迫使其让步或者妥协,才能实现劳动者的诉求、维护劳动者的权益。这种能力的高低主要取决于两个

---

① 沈琴琴:《基于制度变迁视角的工资集体协商:构架与策略》,《中国人民大学学报》2011年第5期,第12页。

方面。第一，工会的运行机制。劳动者可以以个人的身份或者选出代表参加薪酬集体协商，但是协商效果一定不如工会出面的理想。组建一个体系健全、运转正常，能独立开展工作的工会组织，并由它代表劳动者与用人单位进行薪酬协商，这是集体协商可以顺利进行的前提，也是维护劳动者合法权益的有效途径。第二，工会的协商水平。集体协商是一场用人单位和劳动者之间的博弈，双方要不断地举证、辩论、僵持、让步、突破，最终达成共识。薪酬协商不仅涉及用人单位的财务状况，还与企业管理、法律限制，甚至经济发展相关，这就要求工会必须具备一定的专业知识和协商能力。谈判双方都想实现自身的利益最大化，这就取决于双方的协商水平，所以，要想在薪酬协商中为劳动者争取更大的利益，工会必须提高自己的协商水平。

另一个工会的重要维权手段是集体行动。集体行动是劳动者维护自身权益最有效的方法，然而对于这种与用人单位相抗衡的直接手段，我国法律却采取了回避态度，这也是薪酬集体协商流于形式，难于坐实的原因。集体行动是劳动者与用人单位斗争的有力工具，一味地回避只会使劳资关系越来越失衡，不利于和谐劳动关系的构建。我国立法之所以对劳动者的集体行动权避而不谈，究其原因，主要是担心集体行动可能损害用人单位的工作秩序，甚至危害社会稳定。但是有社会就有纠纷[①]，劳资双方立场不同、身份不同，必然会有矛盾产生，而如果一味地限制和剥夺劳动者的集体行动权，虽然表面上没有激烈的冲突，但实质上劳资矛盾找不到释放出口，只会越来越激化，有可能导致更严重的后果。在市场经济逐渐成熟的今天，有必要将集体行动纳入法治化的轨道，赋予劳动者集体行动的权利。集体行动应由工会组织，政府监督，合理规制，有序指导，将现阶段自发的、无组织的集体行动变得有序有力。在工会指导组织下的集体行动可以成为劳动者维护薪酬分配权益最强有力的武器，不但会大幅减少

---

① [日]棚赖孝雄：《纠纷的解决和审判制度》，王亚新译，中国政法大学出版社1994年版，第5页。

对用人单位和社会的负面影响，更会成为协调薪酬分配领域劳资矛盾的重要手段。

第二节　劳动者薪酬分配公正中职工代表大会角色定位及其实现

一、职工代表大会的角色定位

1986年9月发布的《全民所有制工业企业职工代表大会条例》要求，各用人单位应该将职工代表大会制度当作单位管理的基础制度，应该将其建设为劳动者行使民主管理权利的机构。与民主管理的其他形式相比，职工代表大会具有自身鲜明的特点，比如便于操作、工作范围广泛等，能够获得劳动者的普遍认可。职工代表大会对劳动者的意志加以表现，从而维护广大劳动者的权益。职工代表大会拥有对用人单位的重大决策进行审议、监督的权利，应当属于在一定范围内拥有决策权的组织，但是其并不负责决策的落实，具体落实工作还需要用人单位来完成，在这个过程中职工代表大会将发挥监督职能。

首先，职代会制度是发展社会主义基层民主的一项制度性安排。用人单位在为劳动者提供生活保障的同时，还承担着社会生产的责任。劳动者的民主政治权利需要通过用人单位的有序生产活动才能得以实现。对于基层民主自治体系来说，民主管理制度是其关键性的组成部分。职工代表大会是保障劳动者参与用人单位民主管理的基本制度，广大劳动者可以通过该制度行使其对薪酬分配问题的知情权、参与权和监督权。对于职工代表大会而言，其主体是劳动者，职工代表通过投票选举的方式由劳动者推选，并代表全体劳动者的意志。不管是决策程序，抑或是组织构成，职工代表大会均反映出民主的基本要求，是维护劳动者权益最广泛、最直接的方式。我国市场经济体制改革初期，大量的用人单位将职工代表大会制度废除，在这种情况下劳动者对于薪酬分配等事宜的民主参与渠道被堵塞，削弱了社会主义基层民主的基础。与公有制用人单位的劳动者一样，非公有制用人单位中的劳动者同样应享有广泛的民主权利。职工代表大会适用于所有的所有制形式，积极推进职工代表大会制度，尤其是在非公有制的用人单位，能够切实保障劳动者的权益，也是全面建设社会主义民主政治的重要保证。

其次，中国是一个实施民主集中制的国家，其中经济民主十分重要。职工代表大会就是各用人单位民主的体现，是时代发展的必然要求。经济民主要求享有民主权利的人全部参与到决策行为之中。换句话说，就是会为决策变革承担相应后果的人，应该加入制定决策的过程中来，并通过参与保障自身基础权益的实现。现代企业的管理制度十分复杂，不过经济民主以及管理民主是大势所趋，对于现代化的用人单位来说不可缺少。我国宪法明确规定，人民有权利通过各种方式管理国家事务、社会事务等。劳动者属于人民，属于社会成员，因此在用人单位中也享有广泛的民主权利。经济民主的一个重要因素就是劳动者对用人单位的薪酬分配制度的决策过程拥有参与和表达的法定权利，而劳动者参与和表达的基本机制，必然要依靠职工代表大会来体现。劳动者参与薪酬分配制度制定有直接的途径，也有间接的途径，除劳动者全员参加的职工大会外，职工代表大会一般是由劳动者代表组成，即先由劳动者直接提名候选人，经过讨论、协商后再确定为代表候选人，并以此为基础展开不记名投票，如果某一位候选人能够获得半数的投票，就可以成功当选。职工代表大会制度是劳动者参与用人单位决策和监督管理的制度化渠道，劳动者对用人单位薪酬制度相关事务有意见和建议要发表的，通常是通过由自己选择的职工代表大会代表，行使其职权而最终实现的。也正因如此，劳动者参加到民主管理框架内的基本方式就是职工代表大会，是经济民主在用人单位中的体现。

二、职工代表大会在薪酬分配中的职能

（一）协商职能

在劳动关系中的用人单位与劳动者经常因薪酬分配产生争议，沟通渠道存在一定的缺陷，在这种情况下职工代表大会扮演着至关重要的角色，在促进交流、减少冲突、降低劳动双方矛盾等方面都发挥了积极作用。在市场经济得到全面发展的情况下，劳动者面临着各种薪酬问题，更加需要通过法律手段切实维护自身的权益。所以，职工代表大会无疑是劳资双方就薪酬分配等问题进行博弈的结果，进而也成为双方关系缓和的手段。

（二）决策职能

在用人单位薪酬分配制度得到改进与优化的基础上，职工代表大会所具有的共同决议职能也同样得以有效发挥，其在涉及劳动者自身权益等诸多层面具有决定权。《中华人民共和国公司法》就明确规定用人单位在改革经营制度、经营方式时，需要获得工会的认可，而且要通过职工代表大会的方式听取劳动者的意见。虽然还停留在"听取意见和建议"的层面上，但是很多用人单位内部的民主意识正在逐渐升温，劳动者的影响能力也随之提升。可以说，在薪酬分配制度的制定和调整方面享有更多的公决权是顺应现代企业治理发展理念和方向的。

（三）监督职能

依据相应的标准，能够对职工代表大会所具备的监督职能加以划分，首先在微观层面，通过劳权对经营管理权进行全面有效的监督制约，从而引导用人单位在维护自身利益的同时，切实保障劳动者的基本利益，这种保障在薪酬分配领域表现在对劳动者薪酬公正性的维护。其次在宏观层面，政府为了促进宏观经济健康快速发展，借助劳权对产权加以制约。在这个过程中，职工代表大会的监督职能扮演着关键性的角色，可以弥补政府管理用人单位的能力不足。但是这种监督职能不能缺位，更不能越位，必须根据实际需要制定与实施相应的保障性制度，全面提升监督力度。

（四）维权职能

首先，这种职能体现在职工代表大会能够参与制定用人单位规章制度以及薪酬分配办法方面。其次，职工代表大会与工会一样，可以通过与用人单位进行薪酬集体协商，保证劳动者的薪酬权益，劳动者薪酬多少，以何种形式发放，是否有带薪休假等等，只有通过充分的集体协商，经过职工代表大会的讨论、决议以后，才能充分体现劳动者的意志，才能制定发布并得以实施。

三、职工代表大会的决策权保障

（一）提高职工代表大会职能定位的相关立法的位阶

将职工代表大会的性质定位为劳动者权益的代表机构和监督性机构后，职工代表大会的职权便跃然纸上，既然将其定位于协商和监督，那么职工代表大会的权利就应当包括对劳动者薪酬的知情权、异议权、建议权等。[1]这些权利在我国的地方性条例中都有涉及，《企业民主管理规定》是在各省职工代表大会条例之后颁行的，各方面的内容规定都比较完善。当下应当考虑将相关条例、法规提高位阶。

职工代表大会虽经市场经济时代被漠视但并未消亡，显示了这项制度的强大生命力，其对用人单位的发展和劳动者的福祉确实贡献良多。宪法是我国的根本大法，法律位阶最高，任何法律都不得与宪法相违背。我国要想突破所有制的限制，在不同性质的用人单位里建立职工代表大会就必须得到宪法的认可。[2]中国宪法只针对国有企业以及集体企业作出了明确要求，要求这两种所有制用人单位应该通过职工代表大会的方式对用人单位进行管理。但是，对于众多的非公有制用人单位而言，法律并未在这方面

---

[1] 曲延志、杨军：《企业民主管理与基层民主建设》，《中国劳动关系学院学报》2015年第5期，第60页。

[2] 田巍：《发展和谐劳动关系过程中劳动者参与的路径选择》，《当代经济研究》2010年第5期，第44页。

做出相关规定。职工代表大会制度应该对现存的众多规定加以梳理，对合理的部分进行采用，对地方实践中行之有效的做法进行肯定，并将其吸纳到更高位阶的职工代表大会层次中，使职工代表大会制度更具有科学性和可操作性，在解决劳资矛盾，特别是薪酬争议方面发挥更大的作用。

（二）完善职工代表大会的选举办法

职工代表大会是民主参与决策的基本体现，在代表的选举上，既应该保障员工的参与程度，又应该保障参与效果。没有参与广度就没有民主，但也不是参与度越大越好，还要考虑参与的效果。在规模较大的用人单位，职工代表大会可实行"代表制"，选择自身素质高，具有一定法律知识的劳动者为代表。虽然在这种情况下劳动者的参与广度会有所降低，但是在获取信息以及信息交换能力等方面却有长足进步。

四、职工代表大会的监督建议权的保障

不管是"权利对权力的制约"还是"权力对权利的制约"，完善监督机制都是确保劳动者薪酬分配公正的应有之义。[1]从资强劳弱的现实情况来看，一旦监督力度不足将会导致"超级权力"的出现，监督是避免薪酬分配不公的必然途径。劳动者来自用人单位的不同工作岗位，赋予劳动者对薪酬分配的监督权，有利于从专业岗位的角度对用人单位的薪酬分配过程加以监督，切实解决监督不足的问题。劳动者通过职工代表大会制度行使监督权，可以促进职工代表大会作用的充分发挥，强化薪酬分配制度和决策的落实，维护职工代表大会审议通过薪酬事项的权威性。同时，还可以促进劳动者与用人单位之间的相互制约，使仅依靠制度规定劳动者薪酬能够演化为依靠制度管理劳动者薪酬分配。[2]劳动者通过职工代表大会行使的

---

[1] 张静、闫晓燕：《缺乏民主管理是现代企业制度之殇》，《中国劳动关系学院学报》2014年第4期，第93页。

[2] 李晓莲：《国企职代会实践变迁中的矛盾与国家基层治理》，《求索》2015年第9期，第111页。

薪酬监督权应包含以下三个方面。

第一，由职工代表大会决定或通过的薪酬分配事项的具体实施状况，包括薪酬集体协议的履行状况、薪酬提案的办理情况等。

第二，履行法律规定以及社会责任的相关内容。该监督内容多指社会对用人单位的监督要求，主要包括劳动者公积金、各项保险的交缴、用人单位执行的劳动安全标准以及对劳动者教育培训等情况。

第三，用人单位须公开的各项重大事宜，包括用人单位的人事任免、计划安排、重大决策、资金流向等等。劳动者通过职工代表大会行使对于薪酬分配及用人单位所有相关事项的监督权需要形成长效机制，具体言之，通过职工代表大会巡视检查，将使薪酬分配的监督全面落到实处，形成准确、全面的报告；通过质量评估制度，了解劳动者对于职工代表大会薪酬分配决议的满意率，对其提出改进意见和措施；通过职工代表大会闭会期间民主管理委员会的薪酬专项调研，为职工代表大会针对劳动者薪酬分配的各项监督活动提供专业性的建议和支持，不断提高监督的质量和水平。

结 论

劳动者薪酬分配公正论题是在这样的时代背景下提出与论证的：一方面，我国大力构建社会主义和谐社会，使人民生活更加美好、全体人民共同富裕取得明显实质性进展；另一方面，现实生活中，劳动者之间往往会因地区差异、自身素质差异等原因，而产生明显的收入差距，贫富分化日趋显著，甚至影响到用人单位乃至整个社会的稳定发展。劳动者薪酬分配公正的法律实现研究旨在从法律视角系统研究薪酬分配问题，以理论指导扭转这种不公正的社会现实。劳动者薪酬分配公正应当有一个多维的判断标准，践行分配正义原则，实现资源、权利、收入等在全体社会成员间的合理分配。从经济学的视角出发，在判断薪酬分配是否公正时，必须参考基尼系数和各生产要素之间的相对价格。与此同时，还应当构建针对薪酬分配公正的法律评判尺度：一是劳动者报酬请求权；二是同工同酬；三是劳动者报酬集体协商。这三者的实现程度越高，劳动者的薪酬分配就越趋向于公正。

实现劳动者薪酬分配公正并非易事，它是一个系统工程，主要依靠三种机制的协力配合。首先是权力机制。根据权力配置的一般原理，分析我国权力运行的现状，就可以找出在薪酬分配公正的过程中，政府权力行使的困境和问题。而政府在劳动者薪酬分配环节的责任重大，需运用公权力促进司法公正的实现和全社会公共资源的合理配置，更为重要的是运用公权力进一步完善薪酬分配法律制度体系，保障公正的实现。其次是权利机制。劳动者薪酬分配公正的权利观是由人本理念和劳资共赢理念支撑的，在此基础上要维护作为弱势一方的劳动者权益不受侵害，就必须保障其权利实现。劳资共决权、同工同酬权和劳动报酬请求权是维护劳动者薪酬分配公正的三项最重要权利，此三项权利的运行机制和保障措施各不相同，但多效共举才能共同支撑着劳动者薪酬分配公正的实现。最后是社会化机制。工会和职工代表大会这两个社会化组织是维护劳动者权益，实现劳动者薪酬分配公正的有力保障。厘清二者的角色定位，使其能够有效运行并保障其维权作用充分实现是问题的关键，也是努力的方向。以上三种机制，构成了法律视角下完成劳动者薪酬分配公正的有效路径，以此为框架审视现实问题，便可清晰梳理出薪酬分配不公的症结所在，为设计全面、系统、公正的劳动者薪酬分配方式提供依据和参考。在当今以及今后很长一段时期，中国将以新时代中国特色社会主义思想为指引，坚持在经济稳定增长、劳动生产率稳步提高的前提下实现劳动者薪酬同步有效增长，可持续、宽领域、深层次建立健全实现劳动者薪酬分配公正的法律制度，促进新时代居民收入分配更合理、更有序、更公正。

劳动者薪酬如何分配一直是涉及政治学、经济学、法学、管理学的综合问题，也是一个众多学者一直在讨论却依然没有结果的问题。不同学科对该问题研究所采取的方法和路径都不尽相同，这为从法学视角出发研究劳动者薪酬分配公正提供了丰富资料，但同时也带来了认知和整合的难度。由此决定，本书的研究和论证也是初步的尝试，尚有诸多问题需要继续斟酌和进一步深化研究。

参考文献

中文专著类

[1] 常凯. 劳动合同立法理论难点解析[M]. 北京: 中国劳动社会保障出版社, 2008.

[2] 常凯. 劳动关系·劳动者·劳权: 当代中国的劳动问题[M]. 北京: 中国劳动社会保障出版社, 1995.

[3] 常凯. 劳权论——当代中国劳动关系的法律调整研究[M]. 北京: 中国劳动社会保障出版社, 2004.

[4] 陈瑞华. 论法学研究方法——法学研究的第三条道路[M]. 北京: 北京大学出版社, 2010.

[5] 陈宇学. 改善收入分配 促进社会公平正义[M]. 北京: 中国言实出版社, 2015.

[6] 程恩富, 简新华. 中国经济规律研究报告[M]. 北京: 经济科学出版社, 2012.

[7] 程延园. 劳动法与劳动争议处理(第2版)[M]. 北京: 中国人民大学出版社, 2013.

[8] 程延园. 劳动关系[M]. 北京: 中国人民大学出版社, 2002.

[9] 董全瑞. 收入分配差距国别论[M]. 北京: 中国社会科学出版社, 2010.

[10] 董保华. 社会法原论[M]. 北京: 中国政法大学出版社, 2001.

[11] 董保华. 劳动关系调整的法律机制[M]. 上海: 上海交通大学出版社, 2000.

[12] 董保华. 社会保障的法学观[M]. 北京: 北京大学出版社, 2005.

[13] 冯彦君. 劳动法学[M]. 长春: 吉林大学出版社, 1999.

[14] 高培勇. 中国公共财政建设指标体系研究[M]. 北京: 社会科学文献出版社, 2012.

[15] 龚益鸣. 平权论: 中国收入分配制度改革的探讨[M]. 武汉: 湖北人民出版社, 2011.

[16] 顾海良. 马克思劳动价值论的历史与现实[M]. 北京: 人民出版社, 2002.

[17] 郭斌. 财产性收入及其不平等研究[M]. 北京: 经济管理出版社, 2015.

[18] 郭兴方. 资本存量、财产性收入与居民消费路径演化研究[M]. 北京: 社会科学文献出版社, 2015.

[19] 郭震. 农民工收入歧视的衡量、解决路径及对策研究[M]. 北京: 经济管理出版社, 2015.

[20] 郝晶. 劳动者民主参与权研究[M]. 哈尔滨: 哈尔滨工程大学出版社, 2011年.

[21] 黄程贯. 劳动法[M]. 台北: 空中大学印行, 1997.

[22] 黄群慧. 企业家激励约束与国有企业改革[M]. 北京: 中国人民大学出版社, 2000.

[23] 黄越钦. 劳动法新论[M]. 北京: 中国政法大学出版社, 2003.

[24] 贾可卿. 分配正义论纲[M]. 北京: 人民出版社, 2011.

[25] 黎建飞. 劳动与社会保障法教程[M]. 北京: 中国人民大学出版社, 2007.

[26] 李环. 和谐社会与中国劳动关系[M]. 北京: 中国政法大学出版社, 2007.

[27] 李惠斌, 李义天. 马克思与正义理论[M]. 北京: 中国人民大学出版社, 2010.

[28] 李民骐, 张耀祖, 许准, 齐昊, 等[M]. 资本的终结——21世纪大众政治经济学. 北京: 中国人民大学出版社, 2016.

[29] 李实, 赖德胜, 罗楚亮. 中国收入分配研究报告[M]. 北京: 社会科学文献出版社, 2013.

[30] 庞永红. 分配正义与转型期弱势群体研究[M]. 北京: 中国编译出版社, 2016.

[31] 十八大以来重要文献选编(中)[M]. 北京: 中央文献出版社, 2016.

[32] 石美遐. 劳动关系国际比较[M]. 北京: 中国劳动社会保障出版社, 2010.

[33] 史尚宽. 债法总论[M]. 北京: 中国政法大学出版社, 2000.

[34] 谭玲. 违法解雇劳动者报酬请求权审判前沿问题研究[M]. 北京: 中国民主法制出版社, 2013.

[35] 汪行福. 分配正义与社会保障[M]. 上海: 上海财经大学出版社, 2003.

[36] 王天玉. 工作权研究[M]. 北京: 中国政法大学出版社, 2011.

[37] 王云中. 我国劳动者报酬提高和规范研究[M]. 北京: 经济科学出版社, 2017.

[38] 吴忠民. 社会公正论[M]. 山东: 人民出版社, 2004.

[39] 奚晓明. 最高人民法院劳动争议司法解释(三)的理解与适用[M]. 北京: 人民法院出版社, 2010.

[40] 习近平总书记系列重要讲话读本[M]. 北京: 人民出版社, 2016.

[41] 余文烈. 分析学派的马克思主义[M]. 重庆: 重庆出版社, 1993.

[42] 曾庆敏. 法学大辞典[M]. 上海: 上海辞书出版社, 1998.

[43] 张文显. 二十世纪西方法哲学思潮研究[M]. 北京: 法律出版社, 2006.

[44] 张兆民. 马克思分配正义思想研究[M]. 北京: 中国社会科学出版社, 2016.

[45] 郑春荣. 英国社会保障制度[M]. 上海: 上海人民出版社, 2012.

[46] 郑尚元. 劳动法与社会保障法前沿问题[M]. 北京: 清华大学出版社, 2011.

[47] 郑尚元. 劳动合同法的制度与理念[M]. 北京: 中国政法大学出版社, 2008.

[48] 周平轩. 论公平与效率: 关于公平与效率的理论分析和历史考察[M]. 山东: 山东大学出版社, 2016.

[49] 周长征. 全球化与中国劳动法制问题研究[M]. 南京: 南京大学出版社, 2003.

[50] 朱春晖. 马克思分配正义理论的承传与创新研究[M]. 北京: 人民出版

社，2016.

[51] 朱克江. 经营者薪酬激励制度研究[M]. 北京：中国经济出版社，2002.

[52] 左春玲. 劳务派遣下的劳动关系[M]. 北京：知识产权出版社，2014.

中文译著类

[1] E·博登海默. 法理学——法律哲学与法律方法[M]. 邓正来，译. 北京：中国政法大学出版社，2004.

[2] F·A·冯·哈耶克著. 个人主义与经济秩序[M]. 贾湛，文跃然，等，译. 北京：北京经济学院出版社，1989.

[3] 安东尼·B·阿特金森，弗兰克伊斯·布吉尼翁. 收入分配经济学手册[M]. 蔡继明，译. 北京：经济科学出版社，2011.

[4] 巴德. 人性化的雇佣关系：效率、公平与发言权之间的平衡[M]. 解格先，马振英，译. 北京：北京法学出版社，2007.

[5] 大须贺明. 生存权论[M]. 林浩，译. 北京：法律出版社，2001.

[6] 德姆塞茨. 竞争的经济、法律和政治维度[M]. 陈郁，译. 上海：三联书店，1992.

[7] 海曼. 劳资关系：一种马克思主义的分析框架[M]. 黑启明主，译. 北京：中国劳动社会保障出版社，2008.

[8] 亨德里克斯. 组织的经济学与管理学：协调、激励与策略[M]. 胡雅美，译. 北京：中国人民大学出版社，2007.

[9] 卡莱斯·鲍什. 民主与再分配[M]. 熊洁，译. 上海：上海人民出版社，2011.

[10] 克拉克. 财富的分配[M]. 王翼龙，译. 北京：华夏出版社，2008.

[11] 拉德布鲁赫. 法学导论[M]. 米健，朱林，译. 北京：中国大百科全书出版社，1997.

[12] 理查德·B·弗里曼. 劳动经济学[M]. 刘东一，等，译. 北京：商务印书馆，1978.

[13] 罗纳德·哈里·科斯，王宁. 变革中国：市场经济的中国之路[M]. 徐尧，李哲民，译. 北京：中信出版社，2013.

[14] 孟德斯鸠. 论法的精神（上册）[M]. 张雁深, 译. 北京: 商务印书馆, 1997.

[15] 乔治·T·米尔科维奇, 杰里·M·纽曼. 薪酬管理[M]. 董克用, 译. 北京: 中国人民大学出版社, 2002.

[16] 塞缪尔. 弗莱施哈克尔. 分配正义简史[M]. 吴万伟, 译. 北京: 译林出版社, 2010.

[17] 亚当·斯密. 国民财富的性质和原因的研究（下卷）[M]. 郭大力, 王亚南, 译. 北京: 商务印书馆, 1981.

[18] 约翰·罗尔斯. 正义论[M]. 何怀宏, 等, 译. 北京: 中国社会科学出版社, 2014.

[19] 约翰·W·巴德. 人性化的雇佣关系——效率、公平与发言权之间的平衡[M]. 解格先, 马振英, 译. 北京: 北京大学出版社, 2007.

中文期刊类

[1] 柏培文, 李相霖. 要素收入与居民分配格局[J]. 吉林大学社会科学学报, 2020(9): 71-81.

[2] 柏培文. 我国劳资分配关系对企业效率影响的研究[J]. 海派经济学, 2014(12): 57-75.

[3] 博雅. 劳动者待岗, 工资咋发？[J]. 劳动保障世界, 2020(4): 67.

[4] 蔡茂寅. 社会权——生存权与劳动基本权[J]. 人大复印报刊资料台港澳及海外留学, 2005(5).

[5] 常凯. 劳动关系的集体化转型与政府劳工政策的完善. 中国社会科学, 2013(6): 82-99.

[6] 陈策. 分享经济下网约工与平台之间的法律关系探析——以网约车为例[J]. 法制与社会, 2018(23): 223-224.

[7] 陈德球, 步丹璐. 管理层能力、权力特征与薪酬差距[J]. 山西财经大学学报, 2015(3): 91-101.

[8] 陈冬华, 陈信元, 万华林. 国有企业中的薪酬管制与在职消费[J]. 经济研究, 2015(2): 92-100.

[9] 陈秋萍, 田芙蓉. 企业福利对劳动者组织承诺的影响研究[J]. 经济问题探索, 2015(12).

[10] 陈卫东. 司法机关依法独立行使职权研究[J]. 中国法学, 2014(2): 20-29.

[11] 陈震, 汪静. 产品市场竞争、管理层权力与高管薪酬——规模敏感性[J]. 中南财经政法大学学报, 2014(4): 135-142.

[12] 邓玉林, 王文平, 达庆利. 基于工作设计的薪酬激励机制研究[J]. 中国管理科学, 2006(14): 699-703.

[13] 丁煌. 寻求公平与效率的协调与统一——评价当代西方新公共行政的价值追求[J]. 中国行政管理, 1998(12): 80-84.

[14] 丁皖婧. 劳动给付不能时工资支付风险负担规则的反思——以新型冠状病毒肺炎疫情防控常态化为背景[J]. 中国劳动关系学院学报, 2020(10): 79-86.

[15] 董保华. 我国劳动关系解雇制度的自治与管制之辨[J]. 政治与法律, 2017(4): 112-122.

[16] 冯彦君, 李娜. 劳务派遣的法治化探寻——解释论与立法论的双重考量[J]. 学习与探索, 2013(8): 69-75.

[17] 冯彦君, 张颖慧. "劳动关系"判定标准的反思与重构[J]. 当代法学, 2011(6): 92-98.

[18] 冯彦君. "和谐劳动"的观念塑造与机制调适[J]. 社会科学战线, 2015(3): 212-221.

[19] 冯彦君. 集体合同效力的生成与实现——以营造"和谐劳动"为目标[J]. 南京师大学报(社会科学版), 2016(2): 77-86.

[20] 冯彦君. 劳动法上"合理"的多重意蕴及其应用[J]. 中国法学, 2018(5): 181-197.

[21] 傅端香. 我国最低工资标准和就业相互协调的思考[J]. 经济研究参考, 2013(8): 93-95.

[22] 傅穹, 于永宁. 高管薪酬的法律迷思[J]. 法律科学: 西北政法学院学报,

2009（6）：123-130.

[23] 高晓娜. 教师"职称—薪酬"制度：异化与革新[J]. 当代教育科学，2020（10）：78-84.

[24] 关于深化收入分配制度改革的若干意见摘要[J]. 中国劳动，2013（5）：61-63.

[25] 郝云，贺然. 新时代我国企业共享利益的公正实施机制[J]. 伦理学研究，2020（8）：28-35.

[26] 何深思. 论我国政治资源的公平分配与合理共享[J]. 中国特色社会主义研究，2005（2）：68-72.

[27] 何永红. 论基层协商民主机制的法治化[J]. 浙江社会科学，2021（3）：54-65.

[289] 贺伟，龙立荣. 实际收入水平、收入内部比较与劳动者薪酬满意度的关系——传统性和部门规模的调节作用[J]. 管理世界，2011（4）：98-110.

[29] 侯玲玲，王全兴. 劳动法上劳动者概念之研究[J]. 云南大学学报（法学版），2006（1）：67-74.

[30] 侯玲玲. 防疫停工期间企业工资危险负担问题及解决方案[J]. 法学，2020（6）：124-140.

[31] 胡莹，郑礼肖. 改革开放以来我国劳动报酬的变动分析——基于以人民为中心发展思想的视角[J]. 经济学家，2019（7）：5-14.

[32] 胡莹，郑礼肖. 十八大以来我国收入分配制度改革的新经验与新成就[J]. 马克思主义研究，2018（2）：62-71.

[33] 黄意武. 浅谈中国特色社会主义公平正义[J]. 人民论坛，2011（9）：68-69.

[34] 黄月. 警惕公权力运行中的"内卷"现象[J]. 山东人大工作，2021（1）：60-61.

[35] 黄再胜. 高管薪酬决定的调整：锚定效应理论透视[J]. 广东财经大学学报，2016（1）：83-95.

[36] 黄再胜. 企业高管薪酬规制理论研究：动因、实践与启示[J]. 外国经济与

管理, 2009(8): 19-27.

[37] 黎建飞. 工资的属性与特殊保护[J]. 法治论坛, 2008(2): 101-109.

[38] 黎建飞. 公共卫生事件对劳动关系的影响与应对[J]. 法治研究, 2021(1): 102-113.

[39] 黎文靖, 胡玉明. 国企内部薪酬差距激励了谁？[J]. 经济研究, 2012(12): 125-136.

[40] 李兵.《胡某金拒不支付劳动报酬案》的理解与参照——包工头也属于拒不支付劳动报酬罪的主体[J]. 人民司法, 2015(6): 24-29.

[41] 李德虎. 基层协商民主的制度性追求与制度化路径[J]. 探索, 2019(4): 76-86.

[42] 李冬梅. 论马克思正义观的基本观点[J]. 沈阳师范大学学报（社会科学版）, 2014(6).

[43] 李海明. 从工资构成到工资定义：观念转换与定义重构[J]. 法律科学西北政法大学学报, 2013(5): 108-119.

[44] 李静. 危机中的制度空间：重大疫情期间劳动关系的特殊调整研究[J]. 中国人力资源开发, 2020(5): 87-98.

[45] 李晓宁, 马启民. 中国劳资收入分配差距与关系失衡研究[J]. 马克思主义研究, 2012(6): 48-58.

[46] 李妍. 从分配到承认：空间正义的另一种致思路径[J]. 湘潭大学学报（哲学社会科学版）, 2020(9): 53-57.

[47] 李艳芬, 荣兆梓. 社会剩余价值率的估算：中国经济70年数据[J]. 河北经贸大学学报, 2021(1): 63-70.

[48] 李烨, 贺富永. 劳动者分层保护理论下飞行员劳动主体规制探究[J]. 山东工会论坛, 2020(1): 35-41.

[49] 梁桂平. 同工同酬权司法救济的检省与矫正——以2013年度102份裁判文书为样本[J]. 河北法学, 2015(7): 133-142.

[50] 林岗. 从马克思主义视角看收入分配的理论与现实[J]. 政治经济学评论, 2015(6): 216-225.

[51] 刘诚. 集体协商与工会代表权[J]. 社会科学战线, 2012(4): 202-208.

[52] 刘靖北. "十四五"时期如何完善党和国家监督体系[J]. 中国党政干部论坛, 2021(1): 44-47.

[53] 刘明, 费方域, 孙娟. 不同群体中的公平分配观念考察——一个七人合作博弈实验研究[J]. 世界经济文汇, 2012(5): 24-35.

[54] 刘强. 论劳动立法的理论根基[J]. 北方法学, 2018(12): 90-103.

[55] 刘山. 完善公共资源要素市场化配置机制[J]. 中国党政干部论坛, 2019(6): 59-62.

[56] 刘绍娓, 万大艳. 高管薪酬与公司薪酬体系: 国有与非国有上市公司的实比较研究[J]. 中国软科学, 2013(2): 90-101.

[57] 刘星, 徐光伟. 政府管制、管理层权力与国企高管薪酬刚性[J]. 经济科学, 2012(1): 86-102.

[58] 刘钊. 沃尔泽多元分配正义思想评析[J]. 中国社会科学报, 2007年4月13日第4版.

[59] 柳平生. 当代西方马克思主义对马克思经济正义原则的重构[J]. 经济学家, 2007(2): 27-31.

[60] 龙娟, 向玉乔. 分配正义的内在张力[J]. 哲学动态, 2012(2): 78-83.

[61] 卢丹阳. 共享发展视域下我国分配正义实现路径探析[J]. 法制与社会, 2020(12): 86-88.

[62] 路艳明. 新冠肺炎疫情背景下地方政府公共危机管理能力的研究[J]. 产业与科技论坛, 2021(1): 207-208.

[63] 吕景春. 论劳资合作博弈中利益的帕累托改进——基于"和谐劳动关系"的分析视角[J]. 经济学家, 2009(4): 16-22.

[64] 吕琳. 论"劳动者"主体界定之标准[J]. 法商研究, 2005(5): 30-36.

[65] 马海涛, 朱梦珂. 要素平均有效税率、居民收入分配差距与社会公平[J]. 财经问题研究, 2020(6): 75-86.

[66] 马蓝, 安立仁. 合作动机对企业合作创新绩效的影响机制研究: 感知政府支持情境的调节中介作用[J]. 2016(3): 13-18.

[67] 聂鲲. 疫情下典型国家稳定劳动关系的举措及建议[J]. 中国发展观察, 2020(6): 118-119.

[68] 彭真明, 方妙. 国有企业经营者薪酬的法律规制——一个程序视角的分析[J]. 法律科学, 2011(1): 162-169.

[69] 祁怀锦, 邹燕. 高管薪酬外部公平性对代理人行为激励效应的实证研究[J]. 会计究, 2014(3): 26-32.

[70] 钱诚, 马羽彤. 改革开放40年国有企业工资分配改革历程述评[J]. 中国人力资源开发, 2018(10): 65-74.

[71] 邱春明. 关于权力介入分配的思考[J]. 广东教育学院学报, 2000(4): 67-69.

[72] 权小锋, 吴世农, 文芳. 管理层权力、私有收益与薪酬操纵[J]. 经济研究, 2010(11): 73-78.

[73] 任祯. 资源配置视角下的中国特色政府、市场与企业关系[J]. 全国流通经济, 2020(6): 135-137.

[74] 沈建峰. 疫情防控背景下劳动合同不能履行时的风险负担规则研究[J]. 比较法研究, 2020(3): 91-97.

[75] 石瑞勇. 初次分配公平的本质内涵探析[J]. 华北电力大学学报(社会科学版), 2013(4): 31-35.

[76] 宋歌. 二倍工资争议的社会法证成——弱者意志自由的法律补强[J]. 东北大学学报(社会科学版), 2020(3): 91-97.

[77] 孙浩进. 中国收入分配不公平问题分析及制度思考[J]. 学习与探索, 2009(1): 133-135.

[78] 孙伟, 黄培伦. 公平理论研究评述[J]. 科技管理研究, 2004(4): 102-104.

[79] 田芊, 刘欣. 分配公平感及其背后的正义原则[J]. 南京社会科学, 2019(7): 61-67.

[80] 王德志. 论我国宪法劳动权的理论建构[J]. 中国法学, 2014(6): 72-90.

[81] 王芳. 基于改进密切值法的我国劳动关系和谐度动态评价[J]. 统计与决策, 2013(3): 62-64.

[82] 王金燕. 当前我国收入分配不公的制度分析[J]. 科技与管理, 2010（4）: 111-115.

[83] 王立. 应得和工资——应得作为分配正义原则的解释性运用[J]. 社会科学辑刊, 2018（7）: 107-114.

[84] 王凌皞. 公共利益对个人权利的双维度限制——从公共利益的平等主义构想切入[J]. 华东政法大学学报, 2016（3）: 43-52.

[85] 王天玉. 求同存异: 劳动者的身份认定与层级结构[J]. 广东社会科学, 2011（11）: 230-236.

[86] 王维. 国内外劳资冲突管理研究综述[J]. 商业时代, 2011（1）: 86-88.

[87] 王阳, 谭永生, 李璐. 收入分配评价指标体系重构研究——基于体现效率、促进公平的视角[J]. 经济纵横, 2019（3）: 80-92.

[88] 王有业, 马旭. 疫情防控常态化背景下的劳动关系风险防范[J]. 山东工会论坛, 2020（11）: 37-43.

[89] 魏小萍. 雇佣劳动关系中的公平与正义问题——由马克思对巴师夏批判引起的思考[J]. 马克思主义与现实, 2015（2）: 91-96.

[90] 闻效仪. 改革开放四十年之集体协商与集体合同研究: 历史演进、制度执行与类型化趋势[J]. 中国人力资源开发, 2018（5）: 97-109.

[91] 吴清军. 集体协商与"国家主导"下的劳动关系治理——指标管理的策略与实践[J]. 中国人民大学学报, 2012（3）: 66-89.

[92] 吴文莉. "疫情背景下集体合同和劳动合同的效力冲突与协调"研讨会综述[J]. 工会理论研究（上海工会职业管理学院学报）, 2020（10）: 68-74.

[93] 向玉乔. 社会制度实现分配正义的基本原则及价值维度[J]. 中国社会科学, 2013（3）: 106-124; 205-206.

[94] 肖竹. 重大疫情防控中工资给付风险负担与社会补偿的法制完善[J]. 行政法学研究, 2020（5）: 24-37.

[95] 谢梦. 论被派遣劳动者的法律保护[J]. 法制与社会, 2019（4）: 228-229.

[96] 谢玉华, 张群艳, 王瑞. 企业劳动关系和谐度与员工工作绩效的实证研究

[J]. 湖南大学学报（社会科学版），2012（1）：66-70.

[97] 谢增毅. 劳动者因疫情无法正常劳动的工资支付分担机制[J]. 中国社会科学院研究生院学报，2020（5）：32-42.

[98] 许清清，常璟，孙继国. 劳资谈判力的解释：一种基于非合作与合作博弈的分析框架[J]. 山东大学学报（哲学社会科学版），2016（4）：122-130.

[99] 颜景高. 分配正义：应得视角的再反思[J]. 天津社会科学，2020（11）：50-56.

[100] 杨志清. 公权力运行回归本然的对策研究[J]. 领导科学，2020（8）：94-96.

[101] 姚大志. 再论分配正义——答段忠桥教授[J]. 哲学研究，2012（5）：99-105.

[102] 叶姗. 最低工资标准的社会法解析[J]. 甘肃政法学院学报，2013（1）：92-100.

[103] 易小明. 分配的正义的两个基本原则[J]. 中国社会科学，2015（3）：4-21；205.

[104] 于浩. 法治化治理的国家角色更新[J]. 广东社会科学，2021（2）：231-241.

[105] 余少祥. 论公共利益与个人权利的冲突与协调[J]. 清华法学，2008（2）：142-149.

[106] 袁中华. 劳动法上请求权体系之建构[J]. 环球法律评论，2020（11）：88-105.

[107] 臧明仪，赵桂青. 邓小平效率公平思想与科学发展观[J]. 中共云南省委党校学报，2005（6）：28-30.

[108] 张车伟，赵文. 我国收入分配格局新变化及其对策思考[J]. 北京工业大学学报（社会科学版），2018（8）：61-72.

[109] 张锋学，官欣荣. 高管薪酬的司法介入——美、英、澳之比较[J]. 大连理工大学学报（社会科学版），2013（2）：92-97.

[110] 张国清. 分配正义与社会应得[J]. 中国社会科学，2015（5）：21-39；203-

204.

[111] 张洪武, 张敬芳. 论社会整体视角下的分配正义[J]. 长白学刊, 2020 (11): 36-44.

[112] 张小鑫, 金秋玲. 企业薪酬管理公平性对员工工作的影响探析[J]. 经济管理, 2007(3): 61-63.

[113] 张兴华. 马克思分配正义思想及其当代建构[J]. 理论导刊, 2017(2): 65-68.

[114] 张璇. 企业员工工作幸福指数和薪酬福利管理的相关性研究[J]. 人力资源管理, 2016(10): 39-40.

[115] 张泽卉. 疫情背景下我国经济双重循环理论思考[J]. 合作经济与科技, 2021(12): 28-29.

[116] 章惠琴. 疫情下延迟复工的类型化分析及工资支付风险负担[J]. 中国人力资源开发, 2020(8): 84-95.

[117] 赵亚卓, 王飞燕, 洪曼绮. 劳动报酬比重与经济发展阶段关系研究[J]. 统计理论与实践, 2020(12): 38-43.

[118] 征汉文. 再论公平分配应首先从第一次分配开始[J]. 当代经济研究, 2011(1): 55-60.

[119] 郑文智, 陈金龙, 胡三嫚. 劳动契约、员工参与与相互投资型劳动关系[J]. 管理科学, 2012(12): 65-74.

[120] 曾倩, 韩珣, 方新. 效率与公平视角下企业及政府的资源配置决策[J]. 中国管理科学, 2020(2): 88-97.

[121] 周长征. 劳动法中的人——兼论"劳动者"原型的选择对劳动立法实施的影响[J]. 现代法学, 2012(1): 103-111.

[122] 朱春晖. 伦理学意义上的分配正义范畴探微[J]. 湖南科技大学学报（社会科学版）, 2013(1): 38-41.

外文专著及论文类

[1] Bernard, Mazaheri. Collective Notice of Individual Rights Under the Fair

Labor Standards Act: Court Enforcement of Pre-arbitration Safeguards in Section 16(b) Actions. ABA Journal of Labor & Employment Law, 2015: 325-346.

[2] Buckley, Jared. Collective-actions Breathe New Life into the Fair Labor Standards Act's Salary Test. University of Michigan Press, 2019.

[3] Diane, Myers. Mooting the Fair Labor Standards Act:how offers of judgment are eliminating the FLSA collective action. Oxford: Clarendon Press, 2015.

[4] Jamesr, Hill. and Nicholas,Jolly. Salary Distribution and Collective Bargaining Agreements: A Case Study of the NBA. Wiley Periodicals Press, 2012: 342-363.

[5] Jacobson, Stephen L. Alternative Practices of Internal Salary Distribution and their Effects on Teacher Recruitment and Retention. University of Illinois Press, 2019: 274-284.

[6] Karina, Gose. Fair Wages Survive Multiple Sources of Income Inequality. University of Ottawa Press, 2013: 473-477.

[7] Kuettel, Andrew C. A Call to Congress to Add a "Knowing and Voluntary" Waiver Provision to the Fair Labor Standards Act to Enable Private Resolution of Wage Disputes. Oxford University Press, 2015: 409-426.

[8] Paul F, Hanley. Making Fair And Predictable Salary Adjustments for Faculty of Public Reserch Universities. public Policy Center University of Iowa Press, 2014: 111-127.

[9] Richard, Wohns. What is a Fair Salary for a Surgical Subspecialist? Yale Law Journal, 2018.

[10] Solinger, Dorothy. Earnings Inequality and Mobility in the United States: Evidence From Social Security Date Since 1937. Massachusetts Institute Press, 2016: 91-128.

[11] Thomas, Perez. The Fair Labor Standards Act at Seventy-seven: Still "Far-Reaching, Far-Sighted". Oxford: Clarendon Press, 2015: 299-304.

[12] Thomas, Perez. The Fair Labor Standards Act: A Living Document. Business Law Press, 2015: 529-532.